Poésie et Vérité 1942
SUIVI D'UNE MONOGRAPHIE PAR LOUIS PARROT

PAUL ÉLUARD

MONOGRAPHIE DE
LOUIS PARROT

ALID ÉDITIONS

Table des matières

Liberté	1
Sur les Pentes Inférieures	5
Première Marche	6
La Voix d'un Autre	
Le Rôle des Femmes	7
Patience	9
Un Feu Sans Tâche	10
Bientôt	12
La Halte des Heures	14
Dimanche Après-Midi	15
Dressé par la Famine	17
Douter du Crime	18
Couvre-Feu	19
Un Loup	20
Un Loup	21
Du Dehors	22
Du Dedans	23
La Dernière Nuit	24
Paul Éluard	28
Monographie par Louis Parrot	

Liberté

Sur mes cahiers d'écolier
Sur mon pupitre et les arbres
Sur le sable sur la neige
J'écris ton nom

Sur toutes les pages lues
Sur toutes les pages blanches
Pierre sang papier ou cendre
J'écris ton nom

Sur les images dorées
Sur les armes des guerriers
Sur la couronne des rois
J'écris ton nom

Sur la jungle et le désert
Sur les nids sur les genêts
Sur l'écho de mon enfance
J'écris ton nom

Sur les merveilles des nuits
Sur le pain blanc des journées
Sur les saisons fiancées
J'écris ton nom

Sur tous mes chiffons d"azur
Sur l'étang soleil moisi
Sur le lac lune vivante
J'écris ton nom

Sur les champs sur l'horizon
Sur les ailes des oiseaux
Et sur le moulin des ombres
J'écris ton nom

Sur chaque bouffée d'aurore
Sur la mer sur les bateaux
Sur la montagne démente
J'écris ton nom

Sur la mousse des nuages
Sur les sueurs de l'orage
Sur la pluie épaisse et fade
J'écris ton nom

Sur les formes scintillantes
Sur les cloches des couleurs
Sur la vérité physique
J'écris ton nom

Sur les sentiers éveillés
Sur les routes déployées
Sur les places qui débordent
J'écris ton nom

Sur la lampe qui s'allume
Sur la lampe qui s'éteint
Sur mes maisons réunies
J'écris ton nom

Sur le fruit coupé en deux
Du miroir et de ma chambre
Sur mon lit coquille vide
J'écris ton nom

Sur mon chien gourmand et tendre
Sur ses oreilles dressées
Sur sa patte maladroite
J'écris ton nom.

Sur le tremplin de ma porte
dur les objets familiers
Sur le flot du feu béni
J'écris ton nom

Sur toute chair accordée
Sur le front de mes amis
Sur chaque main qui se tend
J'écris ton nom

Sur la vitre des surprises
Sur les lèvres attentives
Bien au-dessus du silence
J'écris ton nom

Sur mes refuges détruits
Sur mes phares écroulés
Sur les murs de mon ennui
J'écris ton nom

Sur l'absence sans désir
Sur la solitude nue
Sur les marches de la mort
J'écris ton nom

Sur la santé revenue
Sur le risque disparu
Sur l'espoir sans souvenir
J'écris ton nom

Et par le pouvoir d'un mot
Je recommence ma vie
Je suis né pour te connaître
Pour te nommer

Liberté.

Sur les Pentes Inférieures

Aussi bas que le silence
D'un mort planté dans la terre
Rien que ténèbres en tête

Aussi monotone et sourd
Que l'automne dans la mare
Couverte de honte mate

Le poison veuf de sa fleur
Et de ses bêtes dorées
Crache sa nuit sur les hommes.

Paul Éluard

Première Marche

LA VOIX D'UN AUTRE

Riant du ciel et des planètes
La bouche imbibée de confiance
Les sages
Veulent des fils
Et des fils de leurs fils
Jusqu'à périr d'usure

Le temps ne pèse que les fous
L'abîme est seul à verdoyer
Et les sages sont ridicules.

Paul Éluard

Le Rôle des Femmes

En chantant les servantes s'élancent
Pour rafraîchir la place où l'on tuait
Petites filles en poudre vite agenouillées
Leurs mains aux soupiraux de la fraîcheur
Sont bleues comme une expérience
Un grand matin joyeux

Faites face à leurs mains les morts
Faites face à leurs yeux liquides
C'est la toilette des éphémères
La dernière toilette de la vie
Les pierres descendent disparaissent
Dans l'eau vaste essentielle

La dernière toilette des heures
À peine un souvenir ému
Aux puits taris de la vertu
Aux longues absences encombrantes
Et l'on s'abandonne à la chair très tendre
Aux prestiges de la faiblesse.

Paul Éluard

Patience

Toi ma patiente ma patience ma parente
Gorge haut suspendue orgue de la nuit lente
Révérence cachant tous les ciels dans sa grâce
Prépare à la vengeance un lit d'où je naîtrai.

Paul Éluard

Un Feu Sans Tâche

La menace sous le ciel rouge
Venait d'en bas des mâchoires
Des écailles des anneaux
D'une chaîne glissante et lourde

La vie était distribuée
Largement pour que la mort
Prît au sérieux le tribut
Qu'on lui payait sans compter

La mort était le dieu d'amour
Et les vainqueurs dans un baiser
S'évanouissaient sur leurs victimes
La pourriture avait du cœur

Et pourtant sous le ciel rouge
Sous les appétits de sang
sous la famine lugubre
La caverne se ferma

La terre utile effaça
Les tombes creusées d'avance
Les enfants n'eurent plus peur
Des profondeurs maternelles

Et la bêtise et la démence
Et la bassesse firent place
À des hommes frères des hommes
Ne luttant plus contre la vie

À des hommes indestructibles.

Bientôt

De tous les printemps du monde
Celui-ci est le plus laid
Entre toutes mes façons d'être
La confiante est la meilleure

L'herbe soulève la neige
Comme la pierre d'un tombeau
Moi je dors dans la tempête
Et je m'éveille les yeux clairs

Le lent le petit temps s'achève
Où toute rue devait passer
Par mes plus intimes retraites
Pour que je rencontre quelqu'un

Je n'entends pas parler les monstres
Je les connais ils ont tout dit
Je ne vois que les beaux visages
Les bons visages sûrs d'eux-mêmes

Sûrs de ruiner bientôt leurs maîtres.

La Halte des Heures

Immenses mots dits doucement
Grand soleil les volets fermés
Un grand navire au fil de l'eau
Ses voiles partageant le vent

Bouche bien faite pour cacher
Une autre bouche et le serment
De ne rien dire qu'à deux voix
Du secret qui raye la nuit

Le seul rêve des innocents
Un seul murmure un seul matin
Et les saisons à l'unisson
Colorant de neige et de feu

Une foule enfin réunie.

Dimanche Après-Midi

S'enlaçaient les domaines voûtés d'une aurore grise dans un pays gris, sans passions, timide,

S'enlaçaient les cieux implacables, les mers interdites, les terres stériles,

S'enlaçaient les galops inlassables de chevaux maigres, les rues où les voitures ne passaient plus, les chiens et les chats mourants,

S'auréolaient de pâleur charmante les femmes, les enfants et les malades aux sens limpides,

S'auréolaient les apparences, les jours sans fin, jours sans lumière, les nuits absurdes,

S'auréolait l'espoir d'une neige définitive, marquant au front la haine,

S'épaississaient les astres, s'amincissaient les lèvres, s'élargissaient les fronts comme des tables inutiles,

Se courbaient les sommets accessibles, s'adoucissaient les plus fades tourments, se plaisait la nature à ne jouer qu'un rôle,

Se répondaient les muets, s'écoutaient les sourds, se regardaient les aveugles

Dans ces domaines confondus où même les larmes n'avaient plus que des miroirs boueux, dans ce pays éternel qui mêlait les pays futurs, dans ce pays où le soleil allait secouer ses cendres.

Paul Éluard

Dressé par la Famine

Dressé par la famine
L'enfant répond toujours je mange
Viens-tu je mange
Dors-tu je mange.

Douter du Crime

Une seule corde une seule torche un seul homme
    Étrangla dix hommes
Brûla un village
Avilit un peuple

La douce chatte installée dans la vie
Comme une perle dans sa coquille
La douce chatte a mangé ses petits.

Paul Éluard

Couvre-Feu

Que voulez-vous la porte était gardée
Que voulez-vous nous étions enfermés
Que voulez-vous la rue était barrée
Que voulez-vous la ville était matée
Que voulez-vous elle était affamée
Que voulez-vous nous étions désarmés
Que voulez-vous la nuit était tombée
Que voulez-vous nous nous sommes aimés.

Paul Éluard

Un Loup

La bonne neige le ciel noir
Les branches mortes la détresse
De la forêt pleine de pièges
Honte à la bête pourchassée
La fuite en flèche dans le cœur

Les traces d'une proie atroce
Hardi au loup et c'est toujours
Le plus beau loup et c'est toujours
Le dernier vivant que menace
La masse absolue de la mort.

Paul Éluard

Un Loup

Le jour m'étonne et la nuit me fait peur
L'été me hante et l'hiver me poursuit

Un animal sur la neige a posé
des pattes sur le sable ou dans la boue
des pattes venues de plus loin que mes pas
Sur une piste où la mort
A les empreintes de la vie.

Paul Éluard

Du Dehors

La nuit le froid la solitude
On m'enferma soigneusement
Mais les branches cherchaient leur voie dans la
    prison
Autour de moi l'herbe trouva le ciel
On verrouilla le ciel
Ma prison s'écroula
Le froid vivant le froid brûlant m'eut bien en
    main.

Paul Éluard

Du Dedans

Premier commandement du vent
La pluie enveloppe le jour
Premier signal d'avoir à tendre
La voile claire de nos yeux

Au front d'une seule maison
Au flanc de la muraille tendre
Au sein d'une serre endormie
Nous fixons un feu velouté

Dehors la terre se dégrade
Dehors la tanière des morts
S'écroule et glisse dans la boue

Une rose écorchée bleuit.

La Dernière Nuit

I

Ce petit monde meurtrier
Est orienté vers l'innocent
Lui ôte le pain de la bouche
Et donne sa maison au feu
Lui prend sa veste et ses souliers
Lui prend son temps et ses enfants

Ce petit monde meurtrier
Confond les morts et les vivants
Blanchit la boue gracie les traîtres
Transforme la parole en bruit

Merci minuit douze fusils
Rendent la paix à l'innocent
Et c'est aux foules d'enterrer
Sa chair sanglante et son ciel noir
Et c'est aux foules de comprendre

La faiblesse des meurtriers.

II

Le prodige serait une légère poussée contre
    le mur
Ce serait de pouvoir secouer cette poussière
Ce serait d'être unis.

III

Ils avaient mis à vif ses mains courbé son dos
Ils avaient creusé un trou dans sa tête
Et pour mourir il avait dû souffrir
Toute sa vie.

IV

Beauté créée pour les heureux
Beauté tu cours un grand danger

Ces mains croisées sur tes genoux
sont les outils d'un assassin

Cette bouche chantant très haut
Sert de sébile au mendiant

Et cette coupe de lait pur
Devient le sein d'une putain.

V

Les pauvres ramassaient leur pain dans le
    ruisseau

Leur regard couvrait la lumière
Et ils n'avaient plus peur la nuit

Très faibles leur faiblesse les faisait sourire
Dans le fond de leur ombre ils emportaient leur corps
Ils ne se voyaient plus qu'à travers leur détresse
Ils ne se servaient plus que d'un langage intime
Et j'entendais parler doucement prudemment
D'un ancien espoir grand comme la main

J'entendais calculer
Les dimensions multipliées de la feuille d'automne
La fonte de la vague au sein de la mer calme
J'entendais calculer
Les dimensions multipliées de la force future.

VI

Je suis né derrière une façade affreuse
J'ai mangé j'ai ri j'ai rêvé j'ai eu honte
J'ai vécu comme une ombre
Et pourtant j'ai su chanter le soleil

Le soleil entier celui qui respire
Dans chaque poitrine et dans tous les yeux
La goutte de candeur qui luit après les larmes.

VII

Nous jetons le fagot des ténèbres au feu
Nous brisons les serrures rouillées de l'injustice
Des hommes vont venir qui n'ont plus peur
    d'eux-mêmes
Car ils sont sûrs de tous les hommes
Car l'ennemi à figure d'homme disparaît.

Paul Éluard

Paul Éluard

MONOGRAPHIE PAR LOUIS PARROT

Au crible de la vie fais passer le ciel pur.

PAUL ÉLUARD

Une étude sur un poète ne devrait avoir d'autre but que de le refléter fidèlement, de ne reproduire qu'une seule image de sa vie et de son œuvre intimement confondues. La moindre indication sur la vie d'un auteur, ou sur les circonstances pendant lesquelles son œuvre a été écrite, éclaire plus sûrement un texte que les commentaires les plus savants. Cependant, on parle trop souvent d'un livre de poèmes, d'une œuvre poétique sans tenir compte, le moins du monde, de son auteur. Pour beaucoup, l'œuvre naît d'elle-même, comme les orchidées — sans racines. Combien de fois avons-nous été irrités devant ces livres qui ne devraient avoir d'autre but que de nous renseigner, mais qui ne sont que des divagations autour d'une œuvre sur laquelle ils ne nous apprennent rien. De tels travaux nous renseignent sans doute sur leur auteur, et nous font découvrir parfois un critique ou un esthéticien, mais ils ne nous donnent pas l'occasion de savoir enfin quelque chose sur le poète qui fait l'objet de leur étude. Celui-ci reste dans l'ombre, on ne voit pas son visage, on ne sait rien de lui.

Il est souhaitable qu'une œuvre poétique, dont le véritable rôle est précisément d'inspirer, suscite des commentaires sur tel de ses aspects. C'est là un signe de son rayonnement. Mais il est non moins désirable que cette œuvre provoque des recherches sur sa nature même. S'il est vain de vouloir expliquer une œuvre poétique, il n'est pas inutile d'indiquer dans quelles conditions elle est née, ni de donner quelques précisions sur la vie de son auteur. On sait avec quelle minutie sont classés, analysés, les moindres documents que nous retrouvons sur la vie d'Arthur Rimbaud : de leur confrontation avec les livres du poète peut naître quelque nouvelle interprétation, bien éloignée peut-être de l'idée que pouvait avoir l'auteur des *Illuminations* de ses propres vers, mais qui, forcément imparfaite, n'en atteste pas moins la profonde vitalité de l'œuvre du poète.

Il en va de même pour tous les poètes. Mais combien plus difficiles à reconstituer les traits exacts de ceux qui se sont toute leur vie appliqués à les dissimuler — et souvent de la meilleure bonne foi du monde. Paul Éluard est de ceux-là. De tous les poètes qui ont joué un rôle important durant ces vingt dernières années, l'auteur de *Capitale de la Douleur* est sans doute l'un de ceux dont la légende s'est le plus rapidement emparée. Légende pleine d'erreurs, irritantes ou flatteuses, que l'aventurier surréaliste s'est plue à renforcer pour les besoins de sa cause et qu'il importe avant toute autre chose de réviser : une biographie exacte du poète aura plus de chance d'éclairer sa poésie que tous les poèmes en prose qui lui servent de commentaires habituels.

Nous sommes ici devant un cas bien particulier. Voici un poète qui se présente à nous avec une œuvre d'apparence légère, composée de poèmes courts pour la plupart, écrits avec des mots familiers et dont les images sont parfois de la simplicité même. Or, cette œuvre suffit à classer son auteur aux côtés de nos plus grands poètes ; d'innombrables études lui ont été consacrées ; il n'est de jour où ne nous parvienne quelque nouveau témoignage de son influence. Quel est donc le mystérieux attrait qui vaut à cette œuvre la chaleureuse ferveur dont elle est entourée par tous les jeunes poètes d'aujourd'hui. Ces notes vont tenter de l'expliquer, en rapportant quelques « éléments de biographie » dont l'intérêt n'est en aucune façon négligeable si l'on veut la comprendre et l'aimer. Il s'agit donc ici d'une « monographie », d'un recueil de renseignements semblable aux notices anonymes des anciens livres. Son auteur s'est défendu de se laisser détourner de son but qui est d'apporter une contribution à l'étude de cette œuvre et d'en faciliter l'accès à de nouveaux lecteurs. Il a volontairement fait taire son amitié qui lui aurait permis, sans doute, maints développements ; ils sortiraient du cadre bien défini qui lui est tracé.

Le nom de certaines villes est lié pour nous à des souvenirs dont il est bien difficile de se défaire : Charleville évoque l'image du jeune garçon qui rêvait de changer le monde et qui a changé le nôtre. Saint-Denis, où Éluard naissait le 14 décembre 1895, évoque celle de la campagne désolée, des lourdes colonnes de fumée, de la façade de la basilique rose ou grise suivant les saisons. Ville rouge et ville royale. À travers ce vers cruel que Verlaine écrivait dans *Jadis et Naguère*, « Vers Saint-Denis, c'est bête et sale la campagne », on voit des allées de mâchefer et des ruisseaux qui se cachent derrière les enclos des jardins ouvriers, le Rouillon, la Vieille Mer, fidèles compagnons d'une enfance coléreuse, maladive, traversée de grands élans de tendresse et d'abattement. C'est à Saint-Denis, puis Aulnay-sous-Bois, que Paul Éluard devait passer ses premières années. Ces deux villes perdues au loin dans ses souvenirs sont unies par le chemin de nacre rouillée du canal de l'Ourcq. C'est là, dans un dé décor qui convient à merveille à un roman populiste que venait jouer, voici plus d'un demi-siècle, un autre poète de banlieue, Léon-Paul Fargue. Le reflet des arbres et des cheminées d'usines dans l'eau morte du canal éclairera ses premiers poèmes de sa lueur indécise : Éluard évoquera bien souvent ces mélancoliques paysages de la grande ville et de la banlieue dont parlaient les poètes unanimistes qu'il lira vers 1912. Il devait d'ailleurs venir vivre à Paris pendant ses premières années. De douze à seize ans, il habite rue Louis-Blanc — tout près encore d'un canal — et il est inscrit à l'école Colbert. Études vite interrompues. À seize ans, il doit quitter Paris pour aller en Suisse. Malade, il lui faut se soigner en haute montagne. Tout au long de son œuvre, on retrouvera, transposés dans ses poèmes d'amour, les souvenirs de ces journées passées devant les champs de neige, sous le ciel pur. Il reste deux ans en Suisse, le temps qu'il faudra pour se guérir et faire un soldat. Il est à peine de retour à Paris, en 1914, qu'il doit partir pour la guerre.

Ces années de sanatorium et ce séjour au front, le contact permanent avec la misère — Éluard fut infirmier, puis fantassin — marqueront ses premières œuvres de leur empreinte. Éluard avait écrit bien avant la guerre des vers que seul peut inspirer un jeune homme un amour précoce. Mais ses premiers que nous connaissons de lui et qu'il publiait en 1917 reflètent toute l'anxiété et l'espoir des hommes d'alors et sont révélateurs de l'état d'esprit des jeunes poètes de cette époque. Ces vers qui rendent déjà un accent si personnel, ne laissent pas seulement transparaître le caractère du jeune homme qui les a écrits, sur son lit de convalescent, à Davos, ou dans la tranchée. Paul Éluard, qui dispose d'une langue raffinée, musicale, dont il peut obtenir les nuances les plus subtiles, n'ignore pas que le poète ne peut être insensible à cette peine des hommes dont il a éprouvé toute la rigueur, et c'est à l'exprimer qu'il veut d'abord s'appliquer. Il a partagé le mauvais sort de tous, et tout comme Walt Whitman, dont il lit et relit les *Feuilles d'Herbe*, il peut dire que rien de ce qui vient du peuple ne lui est indifférent. Ce sera donc cette commune misère qui l'inspirera. C'est elle qui lui fait trouver toutes ses raisons d'espérer. Maints poèmes du début rapportent ainsi de douloureuses images où une fragile espérance est incluse et des notes telles que les *Cendres vivantes des Dessous d'une vie*. « Je mérite la mort. Mange ton pain sur la voiture qui te mène à l'échafaud, mange ton pain tranquillement. J'ai déjà dit que je n'attendais plus que l'aube. Comme moi la nuit est immortelle »

Mais déjà, dans ses premiers poèmes se manifeste

cette double tendance que l'on retrouvera dans toute son œuvre. En même temps qu'il veut nous dire tout ce qu'éveille en lui de mélancolie ce monde d'où le bonheur semble avoir été banni — des images souriantes s'imposent à ses poèmes. Elles lui sont apportées par le spectacle de la rue, par les bêtes, la lumière, et elles demandent, elles aussi, à être exprimées. Ainsi, le devoir de faire entendre une chanson grave et bonne se confond-il à l'inquiétude de ne point être injuste envers ces images insouciantes qu'il veut nous offrir. Rudesse et douceur mêlées. Ces deux traits dominants de ses poèmes de jeunesse et d'adolescence s'équilibrent dans les poèmes qu'il réécrit d'une écriture enfantine, appliquée, et qui devaient constituer ses premières plaquettes : *Le devoir et l'inquiétude* (1917) et *Poèmes pour la Paix* (juillet 1918) : « Je fis un feu, l'azur m'ayant abandonné — un feu pour être son ami... »

Un amour jaloux de sa solitude, ou mieux, une chaleureuse amitié toujours en éveil et reportée sur les objets familiers, sur les cailloux du chemin, le feu et la pluie, sur les visages des passants, ne suffirait pas cependant à expliquer ce qui donne à la substance de ces poèmes un si vif rayonnement. (« Rien n'est plus dur que la guerre l'hiver », écrit-il dans *Paris si gai* ; et voici que ces mots quelconques s'illuminent d'on ne sait quelle lumière intérieure). Autre chose, en effet, s'ajoute à cette ferveur ; c'est une application patiente à faire vrai, à clarifier sans cesse les images qui se présentent à lui, jusqu'à ce que les mots qu'il emploie pour les peindre, acquièrent leur valeur réelle, leur véritable signification. Amour de la simplicité, connaissance des mots qui l'exprime. Lorsque l'on relit l'œuvre de Paul Éluard, une œuvre échelonnée sur plus de vingt-cinq ans, il est facile de constater qu'elle n'est qu'un incessant exercice, qu'une harmonieuse mise en valeur de ces deux qualités que le poète porte chacune au point même où elles confondent leur commune perfection.

Il faudrait ici pour expliquer cette double tendance, tenir compte des influences qu'Éluard a subies dans sa jeunesse. L'époque qui précéda immédiatement la première guerre mondiale est l'une des plus riches de notre littérature. La jeune poésie était divisée entre les amis de Jules Romains et les admirateurs de Guillaume Apollinaire. On suivait alors avec un intérêt, fort bruyant parfois, le débat qui opposait les unanimistes aux cubistes ; c'était le temps du *Livre d'Amour* et de la *Vie Unanime* et des *Soirées de Paris* ; les jeunes poètes pouvaient encore trouver facilement des *Éditions des Serres Chaudes*, de *Tancrède* et, plus tard, de *Kong Harald*, le curieux petit livre de Luc Durtain. Des unanimistes, dont l'attitude envers le symbolisme finissant devait être des plus salutaires, Paul Éluard allait peut-être apprendre la gravité, l'emploi des mots simples compris par tous ; de leurs adversaires, il devait sans doute tenir le goût de l'insolite, de la surprise, le lyrisme, l'esprit d'invention. Les premiers donnaient aux mots de leurs poèmes un sens profond, un contenu social ; ils s'efforçaient d'y incorporer cette « âme unanime » dont ils dépeignaient avec une application obstinée toutes les métamorphoses ; les seconds ne laissaient subsister des mots de leurs poèmes, plus souriants, plus insouciants, en apparence tout au moins, que des expressions musicales, une imagerie secrètement colorée, à la manière des peintres de 1912. Éluard connaissait tous leurs livres ; mais il lisait aussi les romanciers anglais et allemands, les philosophes matérialistes, Jean-Paul et Shelley, Novalis et Héraclite, sans oublier Nerval, Rimbaud et Baudelaire (dont il nous a donné de très heureux commentaires) et plus tard, Lautréamont. Les amis d'Éluard savent avec quel scrupule il lit toutes les plaquettes des jeunes poètes. Il n'est de tentative nouvelle qui lui soit étrangère. Mais rien ne lui est étranger, non plus, de notre poésie française. À vingt ans, il avait lu tous les poètes. Ces lectures ne furent pas sans exercer sur lui des influences complexes, bien difficiles à reconnaître dès ses premières œuvres mêmes, mais dont il est indéniable qu'il ait été imprégné.

Les *Poèmes pour la Paix* ne devaient pas passer inaperçus. Ils lui valurent l'attention d'un jeune écrivain, interprète de malgache et directeur de revue par surcroît : c'est en 1918 que Jean Paulhan, qui publiait alors *Le Spectateur*, se liait avec Paul Éluard. Spécialiste du hain-teny et auteur d'une thèse à laquelle il travaillait encore en 1944 sur la « sémantique du proverbe et du lieu commun », le « guerrier appliqué » s'intéressait aux recherches verbales que l'auteur des *Poèmes pour la Paix* avait entreprises. Deux ans plus tard, il allait écrire pour Éluard la préface des *Exemples*. Mais entre-temps, et dans des circonstances étranges qui ont été rapportées par André Breton dans *Nadja*, Éluard faisait connaissance de jeunes écrivains dont les noms avaient paru au sommaire de quelques revues — notamment de *Nord-Sud*, que dirigeait Pierre Reverdy — André Breton, Soupault, Aragon, et un peu plus tard, Tzara. C'était une grande aventure spirituelle qui commençait.

On ne saurait passer sous silence cette curieuse rencontre qui devait faire de ces jeunes gens un groupe lié par une amitié qu'il fallut bien des années, bien des querelles et des absences passionnées pour désunir. Une grande œuvre comme celle-ci les attendait alors. Le dadaïsme avait fait le scandale pour le scandale, il s'était appliqué à détruire, avec une brutalité fort élégante parfois, les valeurs bourgeoises dont la guerre avait mis à nu toutes les lâchetés. Voici qu'il cédait peu à peu devant les conquêtes d'un mouvement entraînant tout un programme de reconstruction qui ne devait pas se borner à la littérature seule. C'était à cette entreprise de reconstruction que Breton, Éluard, Aragon et leurs amis devaient se consacrer. La revue *Littérature*, la première en date des revues surréalistes (1919 à 1924) publiait les *Champs magnétiques* de Breton et de Soupault, les poèmes qu'Aragon allait réunir dans *Feu de Joie* et ceux que Paul Éluard recueillait dans les premières plaquettes qui composaient en 1926 *Capitale de la Douleur*. Elle publiait également les *Poésies* d'Isidore Ducasse.

« J'estime que le plus beau titre de gloire des surréalistes, écrivait alors André Gide, est d'avoir reconnu et proclamé l'importance ultra-littéraire de l'admirable Lautréamont ». En fait, les surréalistes allaient mériter encore d'autres titres à l'admiration de ceux qui devaient les suivre : *Nadja, Capitale de la Douleur, Le Paysan de Paris*, qui parurent pendant ces années où les critiques verront l'épanouissement du « surréalisme historique » sont sans doute parmi les livres les plus importants d'alors. Leur influence reste toujours vive. Quant aux *Champs Magnétiques*, ils représentaient pour beaucoup de jeunes poètes la plus brillante illustration de la poétique surréaliste. Ce livre où triomphait l'écriture automatique venait à point pour justifier les théories du groupe. L'un de ses auteurs, André Breton, y révélait des dons éblouissants et ce théoricien que l'on doit, à juste titre, considérer comme le véritable animateur de ce foyer spirituel dont le rayonnement est loin d'être affaibli, exerçait sur toute la « centrale surréaliste » la plus amicale, mais aussi la plus sévère des influences. Paul Éluard s'est plu, en maintes circonstances, à reconnaître combien cette influence lui avait été profitable. Dans sa conférence de 1937 à la Comédie des Champs-Élysées, il déclarait qu'André Breton « avait été et restait pour lui un des hommes qui lui avaient le plus appris à penser ». Depuis cette époque, les querelles politiques, la guerre ont séparé beaucoup de ses meilleurs amis. Certains sont demeurés en France : ce ne sont pas les moins précieux.

Malgré toute sa diversité, ce groupe d'amis, le plus lié qui ait jamais existé, présentait à sa formation une cohésion absolue. Ces jeunes hommes de caractères fort opposés avaient une pensée commune. Ils savaient ce qu'ils voulaient et ne se firent pas faute de le faire savoir. Chacun devait par la suite suivre des voies différentes. Mais entre 1922-1925, leur accord était total et tous — ou presque — acceptaient une discipline élaborée après des nuits de discussions souvent fort orageuses. On connaît une peinture de Max Ernst (1922), « *Au rendez-vous des amis* » où l'on trouve tous les poètes surréalistes réunis en compagnie de Jean Paulhan, de Chirico, du peintre lui-même et des fantômes (?) de Raphaël et de Dostoïevski.

Il y avait déjà deux ans qu'Éluard avait fait, à Cologne, connaissance de l'auteur de ce tableau et l'amitié de Max Ernst devait être décisive sur l'évolution de sa pensée. Artiste complet, poète, théoricien du surréalisme depuis la première heure. Max Ernst allait exercer une influence considérable sur le poète de *Répétitions*. Jamais la peinture ne s'était sentie plus solidaire de la poésie où les poètes peignaient, où les peintres écrivaient des poèmes. « Les peintres surréalistes, écrira plus tard Paul Éluard, dans l'*Évidence poétique*, poursuivaient tous le même effort pour libérer la vision, pour joindre l'imagination à la nature, pour considérer tout ce qui est possible comme réel, pour nous montrer qu'il n'y a pas de dualisme entre l'imagination et la réalité, que tout ce que l'esprit de l'homme peut concevoir et créer provient de la même veine, est de la même matière que sa chair, que son sang et que le monde qui l'entoure ». Ainsi le surréalisme allait donner à la peinture un rôle poétique de premier plan et ce sont trois peintres qui, justement, dominent l'univers d'Éluard : Ernst, Picasso et Chirico. Du premier, il admire l'intelligence brillante qui métamorphose tout autour d'elle, utilise tour à tour le mot ou la couleur pour exprimer l'inexprimable, et nous faire pénétrer, de plain-pied, dans un monde *où rien n'est incompréhensible*. « À travers ses collages, ses frottages, ses tableaux, dit encore Éluard de Max Ernst, s'exerce sans cesse la volonté de confondre formes, événements, couleurs, sensations, sentiments ». De Picasso, dont il estime, mieux que quiconque, la perpétuelle audace, la merveilleuse facilité mise au service d'une technique dont on ne connaîtra jamais toutes les ressources, il dira tout l'essentiel dans les meilleures de ses pages critiques et dans de très nombreux poèmes. Enfin, de Chirico, dont il posséda pendant des années quelques-unes des toiles les plus célèbres — et notamment les *Mannequins de la Tour rose* et le *Départ du Poète* — il aime les peintures métaphysiques qui, pour lui, vont rejoindre l'œuvre de Vinci, de Piranèse et d'Uccello. On ne saurait juger de la production poétique de cette époque sans tenir compte de l'influence exercée par la peinture et plus exactement par ses théoriciens.

Bien d'autres peintres se partagèrent, d'ailleurs, l'amitié du poète entre les années 1920-1930. Ils sont tous cités dans les poèmes et les courts textes en prose qu'il leur dédie (et qui sont recueillis sous le titre de « *Peintres* » dans *Donner à Voir*) : Arp, Magritte, Man Ray, Joan Miro, André Masson, Yves Tanguy, Salvador Dali... Mais Max Ernst, le premier des peintres qu'il connut, est celui dont l'amitié fut à coup sûr la plus féconde : Éluard écrivit en collaboration avec le peintre des « jardins gobe-avions » et des plantes-animales, *les Malheurs des Immortels* (1922). Ernst devait illustrer par la suite de nombreux livres d'Éluard, parmi lesquels *Répétitions*, *Au défaut du silence*, *Chanson complète*. *Les Malheurs des Immortels*, qui marque une des périodes les plus heureuses de la collaboration entre le peintre et le poète, diffère totalement des *Animaux et leurs hommes* qui l'avaient précédé. Dans ce dernier livre, qu'Éluard avait écrit à Versailles peu après sa démobilisation (1920), apparaissait, dans toute sa simplicité, ce désir de « rester absolument pur » qui lui a toujours fait préférer les mots malhabiles, mais émouvants, au « langage déplaisant qui suffit aux bavards ». Ce petit livre dont Valentine Hugo illustra plus tard une seconde édition, est marqué par le souci constant de ramener la poésie au rôle de commun échange entre les hommes. Les recherches auxquelles s'applique leur auteur portent exclusivement sur les ressources poétiques d'un langage ; il marquait l'aboutissement de ces expériences que Max Ernst et Éluard allaient orienter vers de nouvelles directions. Les mots y sont d'une simplicité extrême, c'est un langage familier et que nous entendons tous les jours. L'auteur nous convie lui-même à ne pas douter de la « clarté des moyens qu'il emploie » : une vitre claire, un soleil, des citrons, du mimosa léger, et cependant, comme dans tous les poèmes d'Éluard, au moment où ces paroles banales s'assemblent, elles engendrent un sens nouveau, bien difficile à analyser. Ce sont des mots qui ne dégagent aucune flamme ; ils n'acquièrent une radieuse incandescence que lorsque Éluard fait passer en eux toute sa science poétique, quand il la condense en eux. Plus tard, nous retrouverons cette densité, sous une forme extrêmement réduite, dans certains poèmes du *Livre Ouvert*.

Les nécessités de la vie et *les conséquences des rêves* (1921) et *Répétitions* (1922) portent la marque de ces recherches verbales ; *Mourir de ne pas mourir* (1924) laisse paraître d'autres préoccupations. Le poète est maître désormais des mots qu'il emploie ; ce qu'il les charge d'exprimer, c'est ce qu'il aime, ce qu'il est. Le poème-objet s'est animé peu à peu ; il est devenu une « chanson complète » dans laquelle se fondent les voix profondes que le poète est encore seul à entendre. Un thème naît de toutes ces images accumulées et il les dirige : le tremblement qui parcourt ces poèmes fait chatoyer les images dont ils sont chargés, mais ces images éclatantes, insolites, qui nous éblouissent et que les critiques ne manquent jamais de comparer à des diamants noirs, ne nous empêchent pas d'en distinguer le cours intime, musical. L'amour parle ici à cœur ouvert, dans ces poèmes graves et gracieux à la fois où le nom de — qu'Éluard avait rencontré en Suisse en 1912 — apparaît en filigrane. Pendant les années qui suivirent cette rencontre, l'amour qui se confond avec la poésie est le sous-thème sur lequel sont écrits les poèmes d'Éluard. C'est à Gala que sera dédié l'*Amour la Poésie*, ce « livre sans fluide ». « Je chante pour chanter, je t'aime pour chanter », écrit-il dans les derniers poèmes de *Capitale de la Douleur*. La plupart de ces poèmes sont d'ailleurs des chansons d'amour ; un subtil désespoir y transparaît dans un lyrisme plein de pudeur et de sérieux : « Ô douce, quand tu dors, la nuit se mêle au jour... »

L'historien du surréalisme attachera la plus grande importance à l'activité qu'Éluard et ses amis employèrent vers cette époque. Dans sa *Petite anthologie du surréalisme* à laquelle il faut constamment revenir, Georges Hugnet note que la fin de l'année 1922 apportait au surréalisme un élément neuf : « Ce fut l'époque des sommeils, écrit-il... Il s'agissait d'aller chercher au fond du sommeil hypnotique les secrètes réponses du subconscient. 1922 fut l'année des grands discours hypnotiques de Robert Desnos ». Cette même année, Éluard publiait *Répétitions*. Un peu plus tard, lorsque le poète terminait *Mourir de ne pas mourir*, le surréalisme s'était déjà donné des formules et des préceptes : André Breton mettait au point son *Premier manifeste* (1924) et écrivait les Poèmes de *Poisson soluble*.

Depuis plusieurs années, le groupe des amis partageait la même ferveur intellectuelle ; mais déjà des fissures s'étaient produites et des « procès » allaient être mis à jour à grand bruit. Éluard, qui s'était marié l'année même de *Devoir et l'Inquiétude* et qui, de son mariage avec Gala, avait eu une fille, Cécile (« Ma fille est assise en face de moi, aussi calme que la bougie », dit-il dans les *Dessous d'une vie* — et vingt ans plus tard, dans *Poésie et Vérité 1942* : « Ma fille la papillonne — Tu prends la forme de la coupe — Où tu bois — Où tu reflètes tes ailes ») — prenait une part très active aux travaux et aux controverses de la « centrale ». Mais cette activité accablante et multiple (on demeurait parfois jusqu'à l'aube au café pour définir un point d'esthétique ou d'anti-esthétique, à moins que ce ne fut pour peser les termes d'une lettre d'injures), fut impuissante à lui faire oublier les déceptions et les chagrins intimes qui s'accumulaient. Lassitude, besoin de solitude à tout prix ? Un jour, en mars 1924, Éluard disparut et le bruit de sa mort se répandit à Paris. Parents et camarades furent incapables de donner la moindre nouvelle du poète. Des articles nécrologiques parurent dans la presse. André Breton, inquiet sur le sort de son ami, parle de lui en ces termes : « Quel est-il ? Où va-t-il ? Qu'est-il devenu ? Qu'est devenu le silence autour de lui, et cette paire de bas qui étaient ses pensées les plus chastes, cette paire de bas de soie ? Qu'a-t-il fait de ses longues taches, de ses yeux de pétrole fou, de ses rumeurs de carrefour humain, que s'est-il passé entre ses triangles et ses cercles ? Quel vent le pousse, lui que la bougie de sa lampe éclaire par les escaliers de l'occasion ? Et les bobèches de ses yeux, de quel style les voyez-vous, à la foire à la ferraille du monde ? » (*Poisson soluble*, Poème 25), En fait, Éluard, affreusement las et déçu, avait voulu se fuir, oublier. Le 15 mars 1924, il s'était embarqué à Marseille par le premier bateau en partance et quittait la France, sans donner signe de vie.

Ce fut une longue course autour du monde, un voyage sans but précis qui le mena en Océanie, en Malaisie et dans l'Inde. On sait bien peu de chose sur ce voyage. Les seuls noms des terres où il fit escale allument l'imagination des poètes, mais ils ne devaient guère laisser d'empreinte dans la sienne, ou du moins le croyait-il. Il ne s'en allait pas en touriste, comme Barnabooth, ni même dans cette disposition d'esprit où les auteurs de vies romancées veulent que se trouvait Baudelaire lorsqu'il fut placé devant la « perspective du départ pour les îles ». Il partait pour se perdre et ce qu'il rencontra en chemin, ce furent ces images magiques qui, depuis, à son insu peut-être, n'ont cessé de le hanter. Les Antilles et Panama, l'Océanie, — il s'arrête à Tahiti, aux îles Cook, en Nouvelle-Zélande, en Australie, — les Célèbes (Max Ernst avait peint en 1920 le fameux « Éléphant de Célèbes »), Java et Sumatra, Indochine et Ceylan, étapes de ce voyage qu'il poursuit en lui-même, à la recherche de ces images qu'éveillaient tous ces noms pendant son enfance, sous la fumée du canal de l'Ourcq, à l'époque où il n'avait pas encore vu la « terre bleue comme une orange ». Il s'en fallut de peu qu'il ne demeure perdu pour la vieille Europe, quelque part dans les mers du Sud où les chasseurs d'aventure proposent toujours des situations d'avenir aux poètes errants. Après sept mois de vagabondage, ceux qu'il aimait l'ayant rejoint à Singapour, l'évasion prenait fin à bord d'un cargo hollandais qui les ramenait ensemble à Marseille.

On conçoit tout le prix qu'attacheraient des biographes à un tel voyage et avec quelle patience ils s'appliqueraient à retrouver dans les poèmes de Paul Éluard les moindres allusions à cette aventure. Mais Éluard prend soin lui-même de nous avertir : ce fut un voyage ridicule, dit-il (ce sont les termes mêmes qu'emploie Urien le symboliste pour qualifier le sien) et dont il ne s'agissait en aucune façon de retirer un « profit poétique ». Lorsque dans ses poèmes perce de temps en temps le souvenir de ce voyage, on devine qu'il s'est empressé d'estomper quelque image trop facile à son gré. C'est en rêve, semble-t-il, que ce long voyage a accompli et ce qu'il en subsiste, ce sont des lambeaux qu'il lui importe peu de rassembler aujourd'hui.

On sait quelle place tient le rêve dans la poésie surréaliste de cette période où les interprétations les plus savantes sur les données de l'inconscient engendrèrent tant de discussions passionnées. André Breton a rapporté dans *Nadja* quelques-uns de ces rêves, dont la traduction nous a valu tant d'étranges poèmes. Éluard raconte qu'après son retour à Paris, il vit en rêve un château sur un paysage égyptien où rien ne manquait, ni la flore compliquée, ni les longues galeries prolongées par des marches immenses, interminables. Au pied des marches, une femme mince et brune est accroupie. Or, le lendemain, en entrant dans le café de la Place Blanche où il retrouve chaque soir ses amis, il reconnaît la femme qu'il a vue dans son rêve : elle parle de châteaux à construire ; sa conversation apporte, semble-t-il, des précisions à la vision nocturne du poète.

Voici une petite anecdote, dira-t-on, et qui fut vite oubliée. Sans doute, mais cependant, ne tient-elle pas tout entière dans le titre de l'un des poèmes de la *Rose Publique*, écrit plusieurs années plus tard : « Et elle se fit construire un palais qui ressemblait à un éléphant dans une forêt, car toutes les apparences réglées de la lumière étaient enfouies dans les miroirs. Et le trésor diaphane de sa vertu reposait au fond des ors et des émeraudes, comme un scarabée ». En fait, ce paysage d'une extrême fragilité que le poète a peint avec ses couleurs les plus subtiles, et qui tremblait depuis longtemps dans sa mémoire, comme le « salon au fond d'un lac », il a sans doute été entrevu voilà fort longtemps, mais il a fallu qu'un rêve le ranime et qu'une rencontre étrange lui confère une réalité visible à tous. Ainsi, qu'il le veuille ou non, toutes ces images qu'il n'a fait qu'entrevoir autrefois, leur lumière qui s'est amassée en lui et qu'il a longtemps retenue prisonnière, revient brusquement colorer le mot terne dont il va se servir, rougir sous un vers que l'on voit s'enflammer d'une limpide lueur. C'est elle, cette lumière lointaine, qui change aujourd'hui ses cailloux en diamants.

Mais l'éclat de ces paysages exotiques dont les couleurs reparaissent parfois de livre en livre, est voilé par les souvenirs qu'il a gardés de ses voyages et de ses séjours dans les pays d'Europe. Ceux-ci sont pour lui beaucoup plus importants. En 1923, Éluard séjourne à Rome, où Georges de Chirico l'a accueilli dans un grand paysage de neige et de ruines, à Rome en hiver, où les palais détruits projettent à terre ces longues ombres que peignit le poète d'*Hebdoméros*. Il est ensuite à Vienne, puis à Prague, la ville des poètes et des comtes bizarres, où il trouve les souvenirs d'Apollinaire. « Tu te vois photographié dans les agates de Saint-Vit », écrit le poète de *Calligrammes*. Et Éluard : « Toute la vie a coulé dans mes rides — comme une agate pour modeler — le plus beau des masques funèbres » (*La vie immédiate*). Il aime la Suisse, où le rattachent tant de souvenirs heureux et malheureux ; ses hautes montagnes, son ciel limpide se sont souvent reflétés dans ses poèmes. Malade, il y a longtemps séjourné ; il y traîne des mois de lassitude taillladés d'éclats de jeunesse et de santé. Patiemment, c'est là qu'il a recueilli les poèmes de *L'Amour la*

Poésie. « Le front aux vitres comme font tes veilleurs de chagrin — Je te cherche par-delà l'attente — Par-delà moi-même ». Il voyage. On le voit souvent en Belgique, où son œuvre a trouvé des commentateurs nombreux et des disciples fervents. (Les revues belges furent les premières à parler du surréalisme et ce mouvement vit se rallier à lui la plupart des peintres et des poètes groupés autour de Paul Nougé, de Magritte, de Paul Delvaux). Il va également en Angleterre. D'origine normande, Éluard aime les ruisseaux, les grands parcs couverts de brumes, les eaux vives, l'herbe. Il aime Londres, où il vit chez Roland Penrose, un des introducteurs du surréalisme en Angleterre. À vingt ans, il a lu John Donne, Keats, Shelley, Swinburne. Il les relit dans le vert paradis de Cornouailles où il écrit un des plus beaux poèmes de *Cours Naturel, Après moi le sommeil*, dont les vers prennent un sens nouveau lorsque l'on sait qui les inspira : Après moi le sommeil, dont les vers prennent un sens nouveau lorsque l'on sait qui les inspira : « Par brassées de murmures la lande et ses fantômes — Répétaient les discours dont je m'étourdissais. » C'est enfin l'Espagne, qu'il a parcourue peu avant la Révolution. Elle lui fait connaître ses poètes. Éluard a traduit en 1939 un poème de Federico Garcia Lorca et il a aidé par tous les moyens à la gloire que l'auteur du *Romancero Gitano* devait, après sa mort, atteindre dans notre pays. En même temps que Breton découvre les Canaries, d'où il rapporte les pages éblouissantes de l'*Amour Fou*, l'Espagne de Madrid, de Séville et de Barcelone, qui venait de redécouvrir Picasso, révèle à Éluard ses « mystères », ses femmes et son peuple. Les malheurs qui accableront celui-ci lui inspireront les grandes strophes de *Guernica* ou de

Novembre 36, qui rejoignent en force et en violence les toiles du grand peintre espagnol dont nous reconnaissions en 1937 les personnages torturés.

Est-ce à dire que de tels dépaysements ont été nécessaires pour ajouter aux images qu'emploie Éluard, cet éclat que donne parfois le souvenir d'une ville entrevue, d'un regard que l'on n'a pas oublié ? Non, certes. Mais ils ont aidé à les enrichir. Combien d'heures passées à contempler un spectacle, quelconque pour tout autre, le mouvement d'une foule, la lente croissance des pensées et des zinnias dans le jardin de Saint-Germain, ou le murmure de la Méditerranée dont Picasso, las de prendre d'éblouissantes photographies en couleurs, gravait toute l'histoire sur des galets, pour que naisse un jour un beau vers ? Qu'a-t-il trouvé d'ailleurs dans tous ces voyages qui l'a vraiment bouleversé ? De Rome, ce qui l'a le plus ému, ce n'est pas les ruines célèbres, ni les galeries des musées, mais la banale petite rue neigeuse qu'il voit de l'hôtel où Chirico l'a conduit ; de la Cornouailles, ce sont les verdures sombres, les masses d'eau dont il donnera une description fidèle dans *Paroles peintes*. Sans que rien ne le fasse prévoir, c'est la mémoire d'une anecdote banale qui s'impose et donne tous les éléments d'un vers parfait.

Ainsi, à travers les années, c'est un souvenir oublié qui revient et qui se colore soudainement chez le poète ; mais il s'est modifié, enrichi en chemin et il est entouré, comme le coquillage où s'est déposé le sel des mers disparues, d'un lumineux halo. Salvador Dali parle de ces « idées lumineuses » qui surgissent dans nos ténèbres et s'imposent à notre regard, parlent à notre imagination. Ce sont, pourra dire l'auteur de la *Rose Publique*, les « explosions du temps, fruits toujours mûrs pour la mémoire » et dont le poète doit être assez habile pour prévoir et capter le radieux jaillissement.

Quelques mois après son retour à Paris, Éluard écrivait les derniers poèmes de *Capitale de la Douleur* (1926). Ce livre, dont le titre a connu la plus surprenante fortune, et qui devait s'appeler tout d'abord *L'art d'être malheureux*, réunit les plus significatifs de ses poèmes : à dater de ce livre, qui valait à Éluard d'être reconnu comme le premier représentant de la jeune poésie, les recueils qui vont se succéder apporteront la preuve que le poète n'a cessée de s'enrichir, de perfectionner ses moyens ; mais il est déjà tout entier dans ces poèmes au charme inégal et dont ce n'est pas le moindre mérite d'avoir inspiré plusieurs générations de poètes et de garder aujourd'hui toute leur force et toute leur fraîcheur. La puissance, le mouvement dramatique de certains d'entre eux s'y allient avec la grâce des strophes charmantes de chansons amoureuses. « Ses rêves en pleine lumière — Font s'évaporer les soleils — Me font rire, pleurer et rire — Parler sans avoir rien à dire ». *Capitale de la Douleur* est, par excellence, un livre inépuisable.

Dans les années qui suivirent ce livre, le plus important, sans doute, de la première poésie surréaliste, Éluard devait consacrer une grande partie de son activité à la rédaction et à la direction des revues du groupe, de la *Révolution surréaliste*, du *Surréalisme au service de la révolution*, et à l'élaboration d'une littérature de propagande, ou, comme disaient alors les critiques, de subversion. Sa bibliographie se confond à celle de cette époque et sa vie avec celle de ses amis. Il se passe peu de jours où Éluard ne les rencontre et où ils ne mettent en commun des projets dont la plupart ont été réalisés. De cette collaboration incessante naissent des manifestes, des préfaces d'expositions, des mises au point constamment reprises, des tracts — depuis longtemps introuvables — et des livres. Bien des œuvres qui virent le jour pendant ces années ardemment vécues furent ainsi écrites en collaboration. « La poésie doit être faite par tous ; non par un ». Cette phrase qu'ils avaient trouvée chez Lautréamont, les surréalistes, qui la citaient fort souvent, en firent une de leurs « raisons d'écrire ». La poésie n'est pas un exercice dont quelques-uns ont seuls le secret ; elle doit être accessible à tous, puisqu'il s'agit avant tout d'inspirer les autres hommes. C'est dans cet esprit qu'Éluard et ses amis écrivirent leurs poèmes en commun. Déjà, en 1925, le poète de *Capitale de la Douleur* avait recueilli, avec Benjamin Péret, *152 proverbes mis au goût du jour*, un petit livre d'aphorismes et de prescriptions cruelles, déconcertantes, où goût du jour, petit livre d'aphorismes et de prescriptions cruelles, déconcertantes, ou le goût de la sentence rigoureusement dessinée s'associe à la fantaisie brutale de l'auteur du *Grand Jeu*. Quelques années plus tard, alors qu'il vient de publier *L'Amour la Poésie* (1929) et qu'il prépare la *Vie Immédiate*, il donne avec René Char et Breton un livre de poèmes, *Ralentir Travaux* (1930). En même temps, il fait paraître un livre qu'il a écrit, cette fois avec la seule collaboration d'André Breton : *L'Immaculée Conception*.

Ce livre, qui n'est point assez connu, est pourtant l'un de ceux qui aident le mieux à comprendre quels étaient les buts que poursuivaient les poètes surréalistes. Il s'agissait cette fois de reproduire, avec le plus de précision possible, et avec « une loyauté absolue », les formes diverses par lesquelles se manifeste une pensée graduellement affaiblie. En cinq essais de simulation qui vont de la débilité mentale à la démence précoce, Breton et Éluard soumettaient des textes dont l'élaboration leur avait permis de découvrir en eux des « ressources jusqu'alors insoupçonnables ». Ils nous apportaient la preuve que « l'esprit dressé *poétiquement* chez l'homme normal est capable de reproduire dans ses grands traits les manifestations verbales les plus paradoxales, les plus excentriques, et qu'il est au pouvoir de cet esprit de se soumettre à volonté les principales idées délirantes sans qu'il y aille pour lui d'un trouble durable, sans que cela soit susceptible de compromettre sa faculté d'équilibre. » André Breton s'est d'ailleurs expliqué plus longuement sur cet aspect de la création poétique. Une légende puérile a voulu que l'écrivain surréaliste dut s'abandonner à son délire, se perdre corps et biens dans son poème et écrire « ce qui lui passe par la tête ». Rien de moins exact. « La raison d'aujourd'hui, écrit l'auteur des *Vases communicants*, ne se propose rien tant que l'assimilation continue de l'irrationnel, assimilation durant laquelle le rationnel est appelé à se réorganiser sans cesse, à la fois pour se raffermir et s'accroître ». Ainsi, le surréalisme s'accompagne nécessairement d'un surrationalisme qui le double et le mesure (le mot surrationalisme est de M. Gaston Bachelard, l'auteur de livres complémentaires des grands livres surréalistes et indispensables à la compréhension de la littérature d'aujourd'hui). Dans *l'Immaculée Conception*, où surréalisme et surrationalisme se rejoignent, la poésie involontaire et la poésie intentionnelle n'en font plus qu'une. André Breton et Paul Éluard demandaient la généralisation du procédé qu'ils employaient ainsi pour la première fois et ils faisaient suivre leurs exemples d'admirables textes érotiques dont je ne trouve guère d'équivalent ailleurs, et d'aphorismes qui comptent parmi les singuliers de la littérature surréaliste : « N'abolis pas les rayons rouges du soleil... Prends garde à la lumière livide de l'utilité... Observe la lumière dans les miroirs des aveugles... Dessine dans la poussière les jeux désintéressés de ton ennui... Dore avec l'étincelle la pilule sans cela noire de l'enclume... Corrige tes parents... Allume les perspectives de la fatigue... »

Il s'agissait dans ce travail en collaboration de mettre en commun des images suggérées par un thème imposé et de leur trouver ensuite une forme poétique satisfaisante. Bien différent apparaît le livre écrit en 1937 : les poèmes qui composent *les Mains Libres* illustrent des dessins de Man Ray. Ce dernier peintre, à qui Éluard consacrait plusieurs poèmes, dont le très beau tableau de *la Rose Publique* : « L'orage d'une robe qui s'abat » propose le thème et Éluard devra trouver le poème qui l'éclairera. L'image, et presque jamais la comparaison, le distique patiemment ordonné vient s'adapter dans un dessin qui le cerne. Dans *les Mains Libres*, Man Ray trace le cadre où Éluard, avec quelques mots, fait apparaître un poème. Le dessin qui l'enferme est comme le halo souvent à peine indiqué de ces mots intelligemment rassemblés. Il résultera de cette soumission au thème proposé des images simples, une suite de notations immédiatement perceptibles : « Voici le liseron, la capucine, le volubilis, frais échappés d'un déjeuner de soleil, de beaux cuirs usés, des fourrures animées, des étoffes à reflets, le miroir et le paysage en forme de carte à jouer »

Tous ces livres qui sont autant d'expériences importantes, l'ouvrage qu'il doit publier prochainement, *Doubles d'Ombre*, n'est pas le moins curieux. Il n'a cessé d'ajouter à sa production de précieux éléments de nouveauté. Il n'y a dans les poèmes de cette époque aucune monotonie apparente. Si leur forme reste à peu près semblable, leur substance s'enrichit sans cesse. Mais c'est peut-être dans les textes en prose que cet enrichissement est le plus sensible. Un texte comme *Nuits Partagées* (dans *la Vie Immédiate*, 1932) n'emprunte plus rien au monde extérieur : c'est une page d'autobiographie dont le ton, d'une noblesse exceptionnelle, avait rarement été atteint jusque-là : Éluard évoque, en des termes qu'aucune rhétorique ne vient alourdir, le temps, déjà éloigné, où l'amour qui l'avait aidé à vivre n'était pas encore meurtri par tant de souvenirs douloureux : « Au terme d'un long voyage, rappelle-t-il, peut-être n'irai-je plus vers cette porte que nous connaissions tous les deux si bien, je n'entrerai peut-être plus dans cette chambre où le désespoir et le désir d'en finir avec le désespoir m'ont tant de fois attiré ». Toute histoire d'une grande passion tient dans ces pages où la révocation des minutes heureuses alterne avec celle des longs jours d'abattement. Le poète fait ici le bilan de vingt années pendant lesquelles les actions les plus souriantes « se sont mêlées aux plus redoutables réalités », pendant lesquelles « la vie s'en prenait à notre amour... la vie voulait changer d'amour ». « Pour me trouver des raisons de vivre, ajoute-t-il plus loin, j'ai tenté de détruire mes raisons de t'aimer. Pour me trouver des raisons de t'aimer, j'ai mal vécu ». C'est ainsi qu'en quelques pages qui comptent parmi les plus denses de son œuvre, le poète exprime en termes poignants un amour qui veut se survivre, et l'accablante tristesse qu'éveille à la longue le sentiment de le savoir malgré tout périssable. Sans doute la forme poétique ne suffisait-elle plus. Il fallait faire appel ici à ce surrationalisme inspiré qui permettait dans cette poésie l'introduction de nouveaux éléments aussi féconds.

On a bien souvent reproché aux surréalistes de « manquer de souffle ». C'est un reproche que l'on trouve peu justifié lorsque l'on relit les textes en prose d'Éluard, prose fort particulière d'ailleurs, qui ne ressemble à aucune autre, si ce n'est à celle de Baudelaire ou de certains poèmes de Mallarmé des *Divagations*. Il aurait été, d'ailleurs, bien désagréable que Paul Éluard, tout comme certains poètes lorsqu'ils écrivent en prose, dilue en de longues périodes ses images poétiques : celles qu'il nous donne sont toujours ramenées à leurs exactes proportions, et le « souffle », qui n'est bien souvent qu'une rhétorique banale, est maintenu ici dans des limites sévèrement contrôlées. Ses textes en prose, d'un développement solennel, d'une précision subtile et élégante, et dont les phrases vont d'une image à l'autre en les reliant par une trame au grain très serré, renouvelle ce miracle dont il parlait lui-même, à propos des poèmes en prose de l'auteur des *Fleurs du Mal*. La langue française, ce langage « anti-poétique » par excellence, dotée depuis Nerval et Baudelaire d'un instrument nouveau, le poème en prose, a vu naître, dans les années qui suivirent la première guerre, des formules encore différentes. Il ne suffisait plus de demander au langage poétique de « s'adapter aux mouvements lyriques de l'âme, aux modulations de la rêverie, aux soubresauts de la conscience » (Baudelaire), mais d'agir sur cette conscience même, de provoquer à volonté cette rêverie. Les poètes surréalistes n'ont eu d'autre but, et pour l'atteindre, ils revendiquaient pour leurs poèmes une totale liberté. Une liberté qu'il leur fallait mériter par les plus strictes disciplines ; celles que le poète doit rechercher sans cesse à renforcer. Il serait donc naïf de croire que la poétique surréaliste allait donner carte blanche au meilleur et au pire, pour bénéficier de cette liberté ; au contraire, elle imposait ses lois secrètes, un ton qui permettait d'évaluer la valeur d'une œuvre, des règles d'une sévérité d'autant plus impitoyable qu'elles étaient soigneusement dissimulées. Quelques mots et la féerie s'organisait. Mais quels mots patiemment choisis, pesés, évalués à leur juste faculté de résonance ! Les écrivains surréalistes à qui l'on a fait le reproche d'avoir tant abusé de cette liberté étaient, en fait, d'excellents écrivains, et l'on s'apercevra peut-être un jour que la prose la plus riche et la plus limpide de notre époque est précisément celle que nous ont donnée ces poètes qui, dit-on, et non sans regret, ne savaient se plier aux règles les plus élémentaires de la prosodie. Personne plus que ces écrivains n'a évité d'utiliser cette affreuse prose des poètes dont on abusait si souvent avant eux.

Textes savants, histoires familières, études en guise de préface, proverbes revivifiés, légendes à écrire sous le tableau d'un ami, tous les textes en prose que Paul Éluard devait recueillir plus tard dans *Donner à Voir* sont des écrits de circonstance. De circonstances qui se sont imposées impérieusement à lui, et qu'il ne se refuse jamais à exprimer. Lorsqu'il nous donne une étude sur un poète — on relira le très beau *Miroir de Baudelaire* repris dans une préface à un choix de l'auteur des *Fleurs du Mal* (1938) — l'*Évidence poétique*, c'est toujours sous une forme rigoureuse, d'une extrême concision. Or les textes en prose d'Éluard ne visent pas à compléter ses poèmes, ou à faciliter leur prolongement en nous. Ils sont une transcription sur un autre mode de son univers poétique, et là, dans ce langage différent, qui lui aussi, épouse « les plus secrets soubresauts de la conscience », la logique, la raison interviennent à leur tour. Ce sont elles qui coordonnent, d'une manière encore discrète, mais plus visible que dans les poèmes, les images qui ne cessent d'affluer à la surface et qui nous les rendent plus immédiatement compréhensibles.

Mais ce n'est pas parmi les poèmes en prose, et encore moins parmi la prose poétique qu'il faut ranger ces textes belles pages que l'on retrouve de livre en livre depuis *Capitale de la Douleur*. Il ne s'agit plus ici de s'attarder à l'indéfinissable question du rythme pour les juger. Une phrase telle que « une dentelle de profil, cette fêlure dans la vitre, cette légère fumée qu'un doigt de vin, fils d'une main ivre, s'apprête à labourer » (*Rose Publique*) et dont toutes les propositions s'enchaînent selon une loi qui n'a rien à voir avec celle du rythme que réclame le poème en prose, ne peut se rapprocher que de celle de la *Saison en Enfer* ou de certains poèmes de *Flaques de Verre*. Nous voici loin des « harmonieuses réussites » de ce genre bâtard qu'est le poème en prose. Ces textes valent par leur intense densité et par la liberté des images qui s'y épanouissent avec moins de contrainte que dans les poèmes. S'il me fallait trouver à ces pages une équivalence plastique, je les comparerais à ces rocailles baroques ménagées avec un art exquis, un peu précieux parfois, semblables à celles que voyait Mozart dans son enfance, et où ne manquaient ni les escaliers d'eaux vives, ni les grottes pleines de surprises. C'est une phrase banale qui sert parfois d'introductrice : « Au revoir. Plus vite, suivez le mouvement, prenez la peine de courir... » et voici que le lecteur se trouve engagé, sans qu'il s'en soit rendu compte, dans une galerie souterraine, un labyrinthe d'images éclatantes dont il saura trouver, pour peu qu'il soit attentif, les plus étranges analogies. Il n'est pas de meilleur exemple de la qualité de cette prose que la suite des *Cendres vivantes* ou le petit conte *Appliquée* (1937), dans lequel parait un visage humain, bien différent de ceux qui s'illuminent d'ordinaire dans ses poèmes, celui d'une petite fille semblable à la poupée nue et coloriée du peintre Hans Bellmer. Appliquée, c'est le nom de cette héroïne qui fait songer à l'enfant misérable des poèmes en prose de Mallarmé... « Nous te verrons dans les journaux », Appliquée « craint la campagne, ses champs tachés de froid, ses corbeaux éteints, ses masures si éloignées l'une de l'autre qu'elles traduisent crument l'immensité de la haine, pour toujours... Appliquée, la rage aux dents, les yeux vides, mange les lèvres de son masque, comme des braises ». Appliquée, c'est Alice au pays des merveilles, mais des tristes merveilles que nous offre la réalité quotidienne, un jouet brisé, un oiseau mort, les objets les plus humbles ou toute la poésie du monde est incluse, et nous la retrouverons, plus tard, dans les *Jeux de la Poupée* (*Livre Ouvert, II*), texte admirable que le poète n'a pas surpassé jusqu'ici.

C'est vers l'époque où il écrivait ces textes en prose que l'on remarque le profond changement qui s'est accompli chez Paul Éluard. Le poète semble avoir atteint le sommet de son art et pour éviter de s'imiter, il lui faut se renouveler, remplacer les sujets d'inspiration dont le pouvoir diminue, inventorier les moyens dont il dispose, forcer enfin quelques-uns de « ces mots qui jusqu'alors lui étaient mystérieusement interdits ». Et voici que la vie se charge de lui apporter cette aide dont il a besoin. Un autre nom a remplacé celui de Gala sur la première page de ses livres et l'on voit paraître un nouveau visage dans ces grandes marges blanches que le lecteur ajoutait à ses poèmes. Les événements extérieurs se chargent, eux aussi, d'imposer au poète « qui ne veut plus rêver hors des murs », les plus graves préoccupations. L'attitude intransigeante adoptée devant certains problèmes politiques fait place peu à peu à une compréhension qui le rapprochera plus sûrement de la grande masse des hommes. Pendant les années qui vont de 1930 à 1936, années chargées de menaces, l'homme et le poète ont été chez Éluard particulièrement attentifs. L'un et l'autre réagissent avec la plus vive sensibilité devant les événements qui se précipitent. Et c'est comme un adieu à une époque qui s'éloigne et à un amour qui a donné tous ses fruits qu'Éluard publie, en 1934, *la Rose Publique*, le plus surréaliste peut-être de ses livres de poèmes, celui dans lequel il s'est exprimé avec le plus de limpidité, avant d'entreprendre les poèmes que nous connaissons tous et qui, eux, devaient être plus immédiatement inspirés par les seuls événements.

Si l'on pouvait, comme aujourd'hui dans les manuels de peinture, parler d'époque rose, puis d'époque bleue, et diviser la production d'un poète en autant de manières qu'il conviendrait aux besoins des critiques pour placer leurs diverses explications de la poésie, il serait nécessaire de faire une place très à part à *la Rose Publique*. Ce livre reprend la plupart des thèmes jusqu'ici épars dans l'œuvre d'Éluard, porte leur développement à son plein épanouissement et les fixe en des vers qui comptent parmi ses plus émouvants. De fait, c'est dans ces poèmes que se résume, en une forme d'une beauté parfaite, une expérience que la vie n'a cessé de multiplier. Mais alors que les vers des premiers livres constituaient une longue suite de strophes amoureuses dans lesquelles se trouvaient prises les radieuses images que le bonheur et la confiance « découpaient dans la lumière », les poèmes de la *Rose Publique* sont graves et voilés. Ils indiquent un effort du poète qui veut se souvenir, qui rappelle à lui toutes les images qui s'éloignent. Un visage longtemps aimé se recule dans l'ombre, mais la mémoire du poète en garde une empreinte que les années qui passeront rendront plus sensible encore. À l'insouciance ou à la violence qui caractérise l'atmosphère spirituelle dans laquelle les premiers poèmes furent écrits, a succédé peu à peu une secrète anxiété, une douceur pleine de pitié. Dès lors, toutes les figures et tous les mots de ses poèmes seront marqués par cette mélancolie que les regrets ou simplement la fuite du temps ont éveillée. Certes, les images du poète, non moins justes que celles qui les précédaient, n'ont pas perdu une once de leur qualité, mais c'est leur éclairage qui a changé et il semble qu'à partir de leur éclosion dans la *Rose Publique*, elles prennent une lumière différente de celles qui les baignaient autrefois.

Les poèmes de la *Rose Publique* ne sont plus des chansons d'amour, mais des confidences ; tout ce que dira le poète pourra être expliqué, rigoureusement expliqué, puisque chacune des images qu'il emploie correspondra à un souvenir fidèle et vrai. Il évoque tout d'abord dans « Comme deux gouttes d'eau » le temps lointain du sanatorium de Suisse, le paysage neigeux sur lequel se détache une silhouette familière. « On a brisé le globe alpestre — Où le couple érotique semblait rêver »... « La femme était toujours tournée — Vers le plus sombre du sombre Protée — Qui fuyait les hommes ». C'était le temps où « il ne gardait plus rien de sa mémoire qui s'ensablait » et il songe à nouveau à son ancienne tentative de fuite, à l'échec fatal et fécond :

> « De tout ce que j'ai dit de moi que reste-t-il ?
> J'ai conservé de faux trésors dans des armoires
>   vides,
> Un navire inutile joint mon enfance à mon
>   ennui,
> Un départ à mes chimères,
> Mes jeux à ma fatigue,
> La tempête à l'arceau des nuits où je suis seul,
> Une île sans animaux aux animaux que j'aime,
> Une femme abandonnée à la femme toujours
>   nouvelle. »

Un dialogue naît alors entre le poète et cette ombre aimée qui continue de l'inspirer :

> « À bout de souffle, elle m'accorda la vérité,
> La vérité que je lui apprenais,
> La triste et douce vérité,
> Que l'amour est semblable à la faim à la soif,
> Mais qu'il n'est jamais rassasié. »

En vain a-t-il voulu la perdre, l'oublier. « J'ai vu le soleil quitter la terre — Et la terre se peupler d'hommes et de femmes endormis... » « J'ai vu le sablier du ciel et de la mer se renverser... » « J'ai vu une femme regarder son enfant nouveau-né — Comme une tuile enlevée d'un toit — son enfant en progrès sur l'homme. » Plus loin, un souvenir transposé (il se souvient du temps où André Breton offrait à des femmes une rose en les priant d'accepter « ce petit myosotis »).

> « J'ai vu mon meilleur ami
> Creuser dans les rues de la ville,
> Dans toutes les rues de la ville un soir,
> Le long tunnel de son chagrin.
> Il offrait à
> Toutes les femmes
> Une rose privilégiée
> Une rose de rosée
> Pareille à l'ivresse d'avoir soif
> Il les priait humblement
> D'accepter
> Ce petit myosotis,
> Une rose étincelante et ridicule,
> Dans une main pensante
> Dans une main en fleur. »

Mais ces transcriptions d'une extrême sincérité, dont la moindre anecdote éclaire jusqu'aux mots les plus simples qui les expriment, ne peuvent plus satisfaire le poète. « C'est fini, dit-il, de voler au secours infime des images d'hier ». Il lui faut abandonner le domaine souriant où les images poétiques venaient d'elles-mêmes ; il lui faut « boire un grand bol de sommeil noir — Jusqu'à la dernière goutte », se rendre là où « il y a des démolitions plus tristes qu'un sou » et retrouver,

« Plus haut maintenant profondément parmi
    les routes abolies
Ce chant qui tient la nuit
Ce chant qui fait le sourd l'aveugle
Qui donne le bras à des fantômes
Cet amour négateur
Qui se débat dans les soucis
Avec des larmes bien trempées
Ce rêve déchiré désemparé tordu ridicule
Cette harmonie en friche
Cette peuplade qui mendie... »

La *Rose Publique* est un livre dont il n'est guère possible de préférer un poème. Et cependant, *Ce que dit l'homme de peine* ou *Rien d'autre que vivre et voir vivre* comptent parmi les plus inspirés, parmi ceux qui nous inspirent le mieux et qui suffiraient à la gloire de leur auteur. Ce sont là des poèmes que tous les hommes finiront bien par apprendre par cœur.

Il faudrait d'ailleurs en dire autant de la plupart de ceux qui composent les *Yeux Fertiles* (1936). Ce livre, qui faisait suite à la *Rose Publique* et que Picasso devait illustrer de cinq dessins, reproduit une suite de poèmes publiés peu de temps avant avec des photographies de Man Ray, consacrés à la nouvelle inspiratrice du poète sous le titre de *Facile* (1935). On rapproche tout naturellement ce dernier livre de *L'amour la Poésie* ; ce sont tous deux des livres d'amour. Mais combien différents ! *L'amour la Poésie*, ce livre sans fin, laisse paraître sous ses vers une angoisse accrue par les découvertes que le poète nous rapporte dans ses poèmes. C'est dans ce livre que figure ce vers elliptique et admirable : « La terre est bleue comme une orange ». Une obstination coléreuse, un désir de se surmonter sans cesse, de se « faire valoir », se mêle dans ces vers à la ferveur passionnée, enfantine, qu'il éprouve pour la femme dont le nom est inscrit en tête du livre. « L'amour choisit l'amour sans changer de visage » écrivait-il dans le premier poème du livre de Gala ; et dans le dernier, alors qu'il reconnaît « avoir soumis des fantômes aux règles d'exception », il comprend qu'il doit tous les reconnaître, « en toi qui disparaît pour toujours reparaître ». Ce visage nouveau qui reparaît et s'impose à lui, vers 1930, c'est celui d'une femme « pâle et lumineuse » dont Picasso devait donner dans les *Yeux Fertiles* un étonnant portrait : le visage de Nusch dont les poèmes d'Éluard vont maintenant s'appliquer à reproduire les traits. La jubilation totale dont parle Pierre-Jean Jouve et qui est la forme la plus haute de l'émotion poétique, c'est dans *Facile* qu'elle s'épanouit, dans ces poèmes écrits avec une sécurité parfaite, en un langage d'une assurance que seules peuvent apporter la confiance et l'apaisement. La phrase poétique s'est décantée à l'extrême ; elle est devenue la simplicité même : « Je grave sur un roc l'étoile de tes forces — sillons profonds où la honte de ton corps germera ». Tout est devenu plus net, plus « facile », des « quatre murs éteints par notre intimité » aux « façons d'être du ciel changeant ». « Tout est nouveau, tout est futur » écrit-il dans un de ses poèmes où il laisse paraître la plénitude de sa joie reconquise et du bonheur qu'il éprouve à l'exprimer avec cette merveilleuse simplicité qui va, dès lors, être une des qualités dominantes de tous ses livres.

Les *Yeux Fertiles* portent la marque de cet effort : presque plus d'images abstraites dans ce livre où les mots sont empruntés au langage le plus simple. Ce livre qui comprend de nombreux poèmes à qui Francis Poulenc devait ajouter une souriante parure musicale, et d'autres, plus inquiétants, où l'on lit des vers bien souvent reproduits (« Le bonheur a pris la mort pour enseigne ») est le dernier en date de cette époque qui se termine en 1936, date à laquelle toute son œuvre va prendre un sens nouveau, va gagner en profondeur et en richesse à mesure qu'elle se simplifiera et se fera l'écho de ces souffrances qui vont bientôt s'abattre sur les hommes.

Au début de 1936, Éluard était appelé en Espagne pour donner une série de conférences à l'occasion d'une rétrospective de Picasso. L'une de ces conférences fut illustrée par un récital de poèmes de Picasso que présenta Ramon Gomez de la Serna. C'est de ce voyage que date le délicieux poème *Intimes* (dans *Les Yeux Fertiles*) qui devait s'appeler tout d'abord « *Chanson Espagnole* » et qui fut écrit un soir, sur la table d'un de ces café-chantants madrilènes où venaient bien souvent Lorca, Bergamin, Alberti et leurs amis. Les poèmes qu'il devait écrire par la suite et que les événements d'Espagne allaient lui dicter prouvent combien cette prise de contact fut profitable. Jusqu'à cette époque, Éluard n'avait cessé de participer à tous les grands débats qui agitaient alors l'opinion. On se souvient de quelques-uns des « mots d'ordre » et des exemples que ses amis et lui donnaient aux jeunes poètes de ce temps qui nous semble déjà si éloigné. Non seulement, la poésie ne devait plus vivre en isolée — séparée des hommes, mais elle devait constituer entre eux le plus solide des liens. Or, c'est précisément vers 1936, dans les jours où Éluard revenu d'Espagne publiait les *Yeux Fertiles*, que sa poésie acquérait ce caractère émouvant, passionné, qui nous la rendit aussitôt plus précieuse et plus proche de nos préoccupations. À cette époque, les poètes pouvaient affirmer, et avec une assurance qui devait plus tard leur être mesurée, qu'ils n'entendaient se désintéresser en rien de l'activité des autres hommes. Cette même année, Éluard écrivait : « Le temps est venu où tous les poètes ont le droit et le devoir de soutenir qu'ils sont profondément enfoncés dans la vie des autres hommes, dans la vie commune. » Dès lors, c'est à l'élaboration de cette vie commune que les poètes entendent collaborer. Les droits et les devoirs du poète, Paul Éluard et ses amis allaient les affirmer avec éclat. La poésie, telle qu'ils la concevaient, devait aider les hommes à se libérer, elle devait contribuer à les unir, à les exalter, à les inspirer.

Les inspirer ? Certes. Pour Éluard — et c'est là un de ses thèmes favoris — « le poète est celui qui inspire, bien plus que celui qui est inspiré ». « Les poèmes, écrit-il encore dans l'*Évidence Poétique*, ont toujours de grandes marges blanches, de grandes marges de silence où la mémoire ardente se consume pour recréer un délire sans passé. » « Leur principale qualité est non pas d'évoquer, mais d'inspirer. » On conçoit dès lors que Paul Éluard aille chercher profondément dans notre mémoire commune, la source de cette inspiration qui ne cesse de le combler. Tout ce qu'il écrit porte le reflet des préoccupations qui nous assaillent ; sous ses poèmes, sous leurs images transparentes, ou volontairement troublées, se devinent, de plus en plus discernables, la forme de nos désirs, l'ombre de nos plus intimes pensées et de nos revendications les plus équitables.

Pour un tel poète qui n'entend point demander autre chose à ses lecteurs que d'être, à leur tour, des inspirés, afin d'inspirer à leur tour d'autres hommes et de finir par gagner les plus indifférents, le temps que nous vivons se montre particulièrement riche en sujets d'inspiration. Et quels motifs d'inspiration, quels prétextes pour une poésie aussi sensible ! Des maux sans nombre affligent notre vieux monde en attendant, peut-être, qu'ils l'assainissent ; la « rosée de sang » dont parle Pierre-Jean Jouve dans son *Porche à la Nuit des Saints* n'a pas encore fini de tomber. Les quatre cavaliers de l'Apocalypse se sont remis en marche et détruisent en un clin d'œil ce que les hommes pacifiques avaient mis des siècles à construire. Mais les révolutions et les guerres qu'ils déchaînent ont des effets plus lents et moins visibles que leurs destructions : elles sont précédées et accompagnées de troubles profonds que l'on ne peut analyser qu'avec difficulté et qui naissent on ne sait de quelles circonstances jamais bien définies. — Nous voyons parfois, à la surface de l'eau, un remous, un tourbillon dont rien ne laissait prévoir la venue. C'est peut-être le fond de la mer qui s'est déchiré. Ici, où nous sommes, à la surface, nous ne voyons que la grossière image de cette déchirure lointaine et profonde qui a donné naissance à cette soudaine irruption. Il en est de même pour tous ces événements qui surgissent autour de nous et dont il nous est souvent impossible de déceler les causes. Sans doute, quelque fait imperceptible aux contemporains s'est-il produit, une aventure spirituelle ignorée, une humble pensée qui devait faire son chemin malgré toutes les embûches, et voici qu'à travers la masse compacte de l'histoire, elle accourt vers nous, multipliée, grossie de toutes les autres pensées semblables à elle, et elle éclate brusquement, nous laissant désemparés, incapables de comprendre ce qui s'est produit et ce qu'elle a produit. Le poète ne fera rien d'autre que de relever, et le plus profondément qu'il sera en son pouvoir, l'approche et le passage de cette vague qui remue tout ensanglantée des profondeurs du temps. Il nous la peindra déferlant sur le monde, sans que celui-ci ne s'en soit encore rendu compte. Il la peindra dans toute son inexorable cruauté.

En 1938, dans *Cours Naturel*, Éluard donne pour la première fois un témoignage visible de cette préoccupation. Il pousse un cri d'alarme pour « délier, délivrer l'immense pitié de ce temps sourd aux appels déchirants... de ce temps s'ensevelissant sous les ruines de la liberté »(André Breton, *prière d'insérer du volume*). Il donne plusieurs poèmes dans lesquels ces préoccupations et ses plus intimes pensées se lisent déjà comme en un *Livre ouvert*.

Il ne s'agit en aucune façon de faire ici l'apologie de la poésie de circonstance. Les événements se proposent au poète, c'est à lui de savoir en extraire la substance et de deviner quelles répercussions ils vont provoquer. Les anciens ne se trompaient guère lorsqu'ils assimilaient le poète au devin : lire dans le temps, voir, ou plutôt prévoir, n'est-ce pas le rôle du poète ? Mais il en est qui limitent volontairement leurs possibilités, qui n'ont pas le courage d'aller jusqu'au bout de leurs moyens. Ce sont tous ceux qui attachent au passé un prix trop grand et qui n'osent garder de ce passé que le strict nécessaire. — « Nous de l'avenir — Pour un petit moment pensons au passé », écrit Éluard dans *Chanson complète* et dans *Poésie et Vérité 1942*, cette sentence rimbaldienne : « De loin en loin des nouvelles du passé — La bonne clé de la cage ». De loin en loin, mais pas plus. Le mythe de l'âge d'or, du paradis perdu, a suscité de fort beaux poèmes, mais aucun d'eux ne peut plus exalter profondément les hommes d'aujourd'hui. Tout au plus leur ont-ils donné le regret d'un temps où certains aimeraient à vivre, puisqu'ils n'ont pas la hardiesse de désirer vivre dans le monde de demain. Il y a toujours une mélancolie, un sentiment d'infériorité qui se mêle à ce culte du passé, à cet amour des ruines et des formes de pensées disparues. Bon nombre de poèmes — et ce qui est plus grave, des poèmes que l'on écrit aujourd'hui — sont empreints de ce sentiment. Ce sont des coquillages, de fort belles pétrifications oubliées sur le rivage alors que la mer s'est depuis longtemps retirée, et dans lesquelles, pour peu que l'on prête l'oreille, on entend le grondement d'un monde lointain qui se retire, qui s'éloigne de nous. Poèmes où tout le temps passé cherche à se réfugier, à se survivre, où l'on n'entend que des échos — alors que tant de cris de douleur et d'espoir s'élèvent autour de nous et que nous ne voulons parfois pas les entendre.

C'est pourquoi, à cette poésie toute faite et presque défaite, il faut opposer la poésie à faire — à ces natures mortes, aussi séduisantes que soit leur mélancolie, une poésie vivante. Pour parvenir à ce résultat, le poète doit savoir discerner dans le monde qui l'entoure ce qui appartient au passé et ce qui doit convenir à l'élaboration du monde qui va naître. Ce qui relève de ce passé et qui ne peut nous convenir, il n'aura garde de l'utiliser ; il se débarrassera, souvent au prix de bien des efforts, de son influence que tant d'esprits qui ne savent pas quel est leur véritable intérêt entendent maintenir coûte que coûte. Tout ce qu'il y a de vivant en lui — et en nous tous —appartient au futur et doit y être consacré. Il faut toujours savoir « lire un bonheur sans limites — Dans la simplicité des lignes du présent », dora Éluard dans un poème dont le titre est révélateur : « Ne pas aller au cœur des autres : en sortir ». Les rêves du poète, ce ne sont pas les regrets du temps disparu, mais des projections dans le temps où nous allons vivre ; les ébauches de plus en plus claires de ces chemins où tous les hommes s'engageront. Ce que le poète souhaite, c'est que les tours d'ivoire les plus solidement retranchées s'effondrent — et aujourd'hui même — mais ce qu'il réclame avant tout, c'est que la poésie, qui doit être la voix même d'un pays, sa parole intime, l'expression de son existence spirituelle, soit libre si l'on veut qu'elle soit authentique.

Baudelaire écrit que la vraie poésie est la « négation de l'iniquité ». Le poète devra donc être d'abord un homme juste ; et un homme juste ne se contente pas de souffrir de l'injustice ; il aide ceux qui travaillent à la supprimer. Les grands poèmes qui sont demeurés vivants au cours des âges sont ceux que cet amour de la justice a le plus profondément inspirés. Certes, il n'est point toujours permis au poète d'exprimer cet amour, cette « nostalgie de la justice ». Mais dans sa solitude tout l'espoir du monde est réfugié et c'est là qu'il se conserve bien intact. Dans le premier poème de *Cours Naturel*, Éluard écrit :

« Le ciel s'élargira
Nous en avions assez
D'habiter dans les ruines du sommeil,
Dans l'ombre basse du repos. »

Il sait qu'une suprême réparation sera accordée à ceux qui n'ont jamais douté de l'avènement du règne de la justice :

« ...Nous aborderons tous une mémoire
   nouvelle
Nous parlerons ensemble un langage
   sensible. »

« ...Que l'homme délivré de son passé absurde
Dresse devant son frère un visage semblable
Et donne à la raison des ailes vagabondes. »

Une telle poésie qui annonce aux hommes leur imminente libération, s'élève avec violence contre ceux qui prétendent instaurer le « temps de l'iniquité » :

« Regardez travailler les bâtisseurs de ruines
Ils sont riches, patients, ordonnés, noirs et
   bêtes
Mais ils font de leur mieux pour être seuls sur
   terre
Ils sont au bord de l'homme et le comblent
   d'ordures... »

En fait, ce besoin passionne qu'éprouve Éluard, comme tout vrai poète, de participer aux souffrances et aux espérances des hommes, et qui lui inspire tant de pitié et tant d'indignation, se manifeste tout au long de son œuvre. Dans les livres qui précèdent *Cours Naturel*, cette tendance n'apparaît que par éclats, que par des images irritées ; à partir de ce livre, elle se confond avec sa poésie même ; elle en est du moins un des éléments les plus actifs. Elle est pour elle et pour le poète même un fécond stimulant. Alors que dans ses poèmes antérieurs, le rêve, les fictions où tant de redoutables réalités viennent se mêler, mais souvent se perdre, constituent le vrai domaine où cette poésie s'épanouit à son aise, dans *Cours Naturel*, dans *Chanson complète* (début 1939), c'est dans un climat spirituel plus riche qu'elle est appelée à se manifester. Maintenant, il peut écrire dans *Chanson complète*, « La lumière et la conscience m'accablent d'autant de mystères, de misères, que la nuit et les rêves ». Et ce passage du rêve à la réalité, n'a provoqué aucune rupture, nous dit-il lui-même. Tout est réel, ou plutôt, rien n'est irréel. C'est en pleine lumière, en pleine conscience qu'il écrit les poèmes de ce livre où abondent les images souriantes que lui a inspirées le beau jardin de Saint-Germain où il cultivait les fleurs sauvages. (« Le soleil doux comme une taupe » — « Solitude aux hanches étroites », écrira-t-il plus tard dans *Livre Ouvert*, et ailleurs « Solitude beau miel absent ») et ces poèmes tragiques dont la simplicité nous touche peut-être encore davantage :

« ...Nos désirs sont moins lancinants dans
    la nuit
Frères que cette étoile rouge
Qui gagne malgré tout du terrain sur
    l'horreur... »

Quelques mois après avoir publié *Chanson complète*, Éluard était mobilisé. Il vit alors au milieu d'un camp ; c'est un travail de jour et de nuit dans une gare qui entoure à perte de vue l'horizon triste de la Sologne. Des trains passent sans arrêt, alors qu'il lit, pendant des loisirs fort rares, les vieux poètes de la

Renaissance, ces poètes oubliés dont la vogue allait renaître dans les premières années de l'armistice. Dehors, il y a la nuit où flamboie le foyer d'une locomotive ; il y a la pluie et le froid. Au point du jour, il retourne à son poste. Tout comme dans un poème célèbre de *Cours Naturel* il y a « le portrait de Nusch sur la table ». Lorsqu'il revient passer une journée à Paris, ce n'est pas pour se plaindre de la misère des temps. Il nous parle de la faune merveilleuse qui vit dans les remblais des voies, papillons jaunes, lézards, belettes et fouines ; il nous raconte avoir vu sur les talus, posée sur des buissons absolument semblables à ceux que peignait jadis Max Ernst dans le « Triomphe de l'Amour » une énorme mante religieuse. (Un esprit curieux comme Georges Bachelard nous fera peut-être un jour l'inventaire exact du bestiaire de Paul Éluard, continuellement enrichi depuis les *Animaux et les Hommes* et auxquels s'ajoutent les nombreux poèmes écrits dans les marges d'un grand Buffon illustré par Picasso). Il reçoit aussi des épreuves de la revue qu'il a fondée avec Georges Hugnet, *L'Usage de la Parole*, la plus importante revue littéraire que vit naître la guerre. Puis il retourne en Sologne. Il écrit alors peu de poèmes. Le premier qu'il publiera en 1940, *Ballade des Fleurs et des Fruits*, après être revenu d'un exode de quelques mois qui l'a mené dans le Tarn et chez Joë Bousquet, n'est qu'un poème de transition. Il annonce cependant la très belle suite « *Sur les Pentes Inférieures* » que devait préfacer Jean Paulhan et dont tous les poèmes, maintes fois reproduits, constituent la magnifique cantate de notre époque traversée de tristesse et d'espoir.

« *Paul Éluard a conservé la patience éclatante que nous lui connaissions, écrit Jean Paulhan à propos de ces poèmes.*

Une entreprise ruineuse qui ronge autour de la poésie tout ce qui fut la poésie, perd auprès de lui ses terreurs, puisqu'il ne redoute ni le récit et la fable, ni l'énigme et le proverbe, ni la partie grise et le vers dort ». « *Je ne puis le lire sans le croire* », conclut Jean Paulhan qui nous incite à considérer les poèmes écrits par Éluard comme des nouvelles. De fait, cela se sent bien comme des nouvelles que le poète de *Capitale de la douleur* ne cessait de répandre et qui nous venaient de très loin, comme d'une zone détendue, comme d'une prison.

C'est dans les ténèbres de sa *Noche obscura*, que saint Jean de la Croix écrira ses plus lumineux poèmes ; Éluard écrira les siens au milieu de nos ténèbres. Il ne désespère pas du salut moral et spirituel de son pays, les malheurs des hommes rendent plus vive en lui la certitude de les savoir un jour sauvés. Il attend avec patience que soit réalisé

« Le seul rêve des innocents
Un seul murmure un seul matin
Et les saisons à l'unisson
Colorant de neige et de feu
Une foule enfin réunie. »

Ces poèmes appartiennent au cycle des *Livres Ouverts* (Deux volumes seulement ont paru ; le troisième, beaucoup plus important que les précédents, reprendra les poèmes recueillis dans *Poésie et Vérité 1942*). Éluard est tout entier dans ces livres qui nous apportent la preuve d'un renouvellement total et malgré la rigueur des temps — ou les difficultés de l'expression, dont il a su triompher, — ne laissent subsister le moindre doute sur leur signification présente et leur portée future.

Les deux *Livre Ouvert* sont des carnets intimes, le « cœur mis à nu ». À la lumière de cette poésie, bien des poèmes précédents réputés difficiles s'éclairent. Sans doute, ne savions-nous pas les lire. S'ils apparaissent encore obscurs pour certains, c'est de la façon d'une nuit toute chargée d'éclairs, d'éclairs qui permettent d'apercevoir furtivement bien des choses que nous ne voyions pas durant le jour. Il est hors de doute que le langage utilisé par Éluard a subi de grandes modifications. Certains de ses timbres musicaux se sont assourdis ; ils ont laissé place dans ses derniers livres à des harmonies plus profondes. Éluard y mêle, au hasard des pages, vers d'amour et poèmes de circonstances. C'est dans sa petite chambre tapissée de livres, dans le quartier populeux ou il vit, dans ce Paris humilié dont Rimbaud avait chanté le malheur et la dignité, que le poète écrivit ce *Livre ouvert* où l'on pourra lire, transposée avec ferveur dans des poèmes limpides pour qui sait lire, l'histoire de notre pays. Tout comme Aragon, Éluard peut dire : « Ma Patrie est la faim, la misère et l'amour ». La faim, la misère et l'amour lui inspireront ces poèmes et, si surprenant que puisse paraître le rapprochement, c'est au poète parisien François Villon que font d'abord songer ces strophes où une immense tendresse se mêle à une ironie pleine de pitié. Poèmes du temps ou « même les chiens sont malheureux » :

« Meurt-de-faim mendiants et larrons
Votre chemin a la largeur
Du monde et vous vous égarez
Et vous crevez dans les prisons ».

(LIVRE OUVERT, I.)

« Ils ont la crasse la laideur la honte
Ils ont le froid la faim la soif la haine
Ils ont d'habit ce qu'il faut pour un mort
La liberté leur est le pire sort »

(LIVRE OUVERT, II.)

« Ce vagabond à l'agonie
N'a jamais mâché que poussière
Et jamais relevé la tête
La vieillesse des routes chante
Et rassasie de mort les pauvres. »

(ID.)

« Tout parait morne et détruit dans ce triste
   monde :
Plus une plainte plus un rire
Le dernier chant s'est abattu
Sur la campagne informe et noire »

(ID.)

En lisant ces derniers livres, on est frappé par certains poèmes d'amour dont les autres poèmes, plus graves, qui les entourent éclairent les couleurs. C'est le cas de la suite *Médieuses*, lumineuse clairière à laquelle Valentine Hugo, dont la vie et l'œuvre sont si étroitement liées à l'activité surréaliste, a tressé de riantes guirlandes de visages et de fleurs. Aucun des livres d'Éluard ne se présente, en effet, sous un seul aspect ; le poète ne peut jamais s'empêcher de mêler le thème de l'amour aux thèmes qui en paraissent les plus opposés. Et il en va de même non seulement pour chacun de ses livres, mais pour chacun de ses poèmes ; ils portent tous plus ou moins visiblement exprimé le besoin de mêler la réalité à la fiction. Sans doute est-ce le thème de la misère qui s'impose avec plus de force aujourd'hui. Éluard ne peut s'empêcher de voir et d'entendre, ni décrire ce que tant de douloureux spectacles lui inspirent, de le crier même. « J'ai reculé la limite du cri », pourra-t-il écrire, non sans fierté.

« ...Je crie mon chagrin
À faire hurler avec moi les sourds
Et les prisonniers que le jour insulte. »

(POÉSIE ET VÉRITÉ 1942.)

« ...Les pauvres ramassaient leur pain dans le ruisseau
Et j'entendais parler doucement prudemment
D'un ancien espoir grand comme la main. »

(POÉSIE ET VÉRITÉ 1942.)

Ce n'est pas pour rien que dans le premier *Livre Ouvert*, Éluard reproduisait un poème écrit en 1918 dans ses *Poèmes pour la paix* — « Je fis un feu, l'azur m'ayant abandonné ». Sans doute les circonstances présentent-elles bien des points de ressemblance, mais il n'en est pas moins vrai que ce rapprochement nous permet de mieux voir quelle profonde unité lie toute son œuvre. Aucune discontinuité. *Du Devoir à* l'*Inquiétude* aux deux *Livre Ouvert*, il ne s'agit en fin de compte que d'une modulation sur un même thème : cette « négation de l'iniquité » dont parlait Baudelaire. Si l'on pouvait dire qu'une œuvre poétique, sans risquer de provoquer quelque confusion, est morale avant tout, c'est bien celle d'Éluard qu'il faudrait songer d'abord. C'est cette aspiration au beau et au bien qui inspire à Éluard tant de poèmes qui ont été, un peu hâtivement, qualifiés de « subversifs », alors qu'ils n'étaient que des cris d'indignation devant la bêtise et la laideur. Depuis *Quatre gosses* (1921) « L'orphelin — Le sein qui le nourrit enveloppé de noir — Ne le lavera pas », jusqu'à *Guernica*, jusqu'à la fameuse « *Critique de la Poésie* » qui clôt la *Vie Immédiate* : « C'est entendu, je hais le règne des bourgeois »... il n'est aucun volume de Paul Éluard qui ne soit marqué par cette volonté bien arrêtée de s'opposer par tous les moyens dont peuvent aujourd'hui disposer les poètes, aux prétentions de tous les « bâtisseurs de ruines ».

Dans « les droits et les devoirs du pauvre » (*Cours naturel*), Éluard s'explique à ce sujet, et avec un accent plus âpre peut-être que celui de ses autres poèmes. Les poèmes plus visiblement inspirés par cette préoccupation sont en effet écrits en une langue plus rude, brutale parfois, où abondent les formules concises, les images nettes, sans bavures. On relira avec intérêt le poème très révélateur de cet état d'esprit écrit à l'occasion d'un drame qui devait quelques années avant la guerre bouleverser l'opinion : « Violette a rêvé de défaire — a défait — l'affreux nœud de serpents des liens du sang ». On remarque dans tous ces poèmes « subversifs » un certain réalisme de détail qui pourrait surprendre tout d'abord et qui se trouve expliqué par le ton toujours soutenu du poème. Jamais une fois, d'ailleurs, cette poésie ne hausse prétentieusement la voix pour se donner façade d'une « poésie justicière ». Elle laisse à d'autres ce soin et se contente de démontrer avec quelle harmonieuse facilité les devoirs sociaux peuvent chez l'auteur de *Poésie et Vérité 1942* se conjuguer avec le souci constant de demeurer un poète pur.

Ce souci est demeuré chez lui aussi ferme qu'à l'époque des *Dessous d'une vie* et il n'est guère, dans notre littérature, de poète qui se soit plus fidèlement tenu aux strictes règles du « métier de poète » dont parle Vigny dans son *Journal*. D'autres auraient sûrement mis à profit des dons multiples, un sens raffiné de la couleur, de la perfection formelle, de l'exacte valeur des mots, pour se donner une audience plus vaste et moins exigeante. Mais Éluard a préféré s'en tenir aux conseils donnés par Baudelaire et Mallarmé. La poésie n'est pas un seul exercice spirituel que l'on peut pratiquer à temps perdu ; c'est une activité dans laquelle toutes les autres se résorbent. Sans doute, pour l'auteur de *Livre ouvert*, nait-elle de la confrontation et de l'opposition de toutes les aspirations des hommes avec le monde hostile et indifférent qui les entoure.

Le poète qui découvre sans cesse de nouveaux rapports entre l'homme et le monde et qui retrouve en lui-même des lois jusqu'alors ignorées, ou simplement oubliées, sait que la poésie n'est pas liée à un état particulier de la conscience ou à des combinaisons d'images plus ou moins heureuses. Elle peut se manifester partout et à l'aide des mots les plus humbles où elle réside comme le feu du ciel dans la pierre du chemin. Au poète de savoir la faire jaillir.

« Mille images de moi multiplient ma lumière » : écrit Éluard dans *Cours naturel*. Ici, le poète s'identifie au monde. « c'est l'oiseau c'est l'enfant c'est le roc c'est la plaine — qui se mêlent à nous », ajoute-t-il dans ce même livre où maints poèmes illustrent l'opinion rapportée plus haut de Max Ernst et selon laquelle « tout ce que l'esprit de l'homme peut concevoir et créer provient de la même veine que sa chair, que son sang et que le monde qui l'entoure ». Cette identification du poète et du monde, Paul Éluard n'hésite plus à l'exprimer sous une forme très concrète et le plus sombre du sombre du sombre Protée qui fuyait les hommes », dont il est question dans la *Rose Publique* recourt dès lors à des métamorphoses nouvelles :

« ..Je fus homme je fus rocher
Je fus rocher dans l'homme homme dans le rocher
Je fus oiseau dans l'air espace dans l'oiseau
Je fus fleur dans le froid fleuve dans le soleil
Escarboucle dans la rosée
Fraternellement seul fraternellement libre. »

Dans ce poème « Mes Heures », formé de douze quatrains, Éluard fait tenir les douze heures du jour, chacune avec leurs images différentes, heureuses ou graves selon qu'elles s'éloignent ou se rapprochent de la nuit, selon qu'elles nous font songer par le jeu subtil des analogies au déroulement des années tout au long d'une vie humaine. Au terme de son poème, le poète est à nouveau fraternellement libre et seul. « Tu me rends à mon espace — À la forme de mon corps », dit-il à la « Flamme naine souveraine — De

L'humide maison noire », où il retrouvera une fois encore toutes les « raisons de rêver ». Tout un système philosophique, ou plutôt une cosmogonie tient ici dans ces quelques strophes et je ne pense pas qu'il serait sans intérêt de soumettre la plupart des poèmes d'Éluard à un examen analogue. On y retrouverait ces liens qui unissent cette poésie aux anciens « Poèmes cosmiques » et que la poésie d'Éluard s'efforce, à son insu le plus souvent, de dissimuler, tant est grande sa crainte de laisser croire qu'elle est assujettie à la moindre contrainte spirituelle. Il s'agit seulement pour le poète d'« exprimer jusqu'au bout sa pensée » ; une image poétique naît toujours de cet effort et elle illuminera pour nous, dans cette mémoire commune du monde dont parlait Lautréamont, le visage de l'homme qu'il est réellement

Pour parvenir à un tel résultat, il importe, certes, de s'imposer les plus dures disciplines. Un poète tel qu'Éluard, guetté par une facilité qu'il aurait pu se faire très aisément pardonner, a dû s'astreindre à un effort continu pour se renouveler, pour ajouter à son langage des mots nouveaux dont il croyait qu'un certain nombre lui étaient interdits. Dans les *Blasons*, et quelques années avant, dans un poème qui n'est pas pour rien dédié à André Breton, Éluard n'utilise que des mots qu'il avait négligés jusque-là et dont il ignorait le contenu poétique. Mieux encore, c'est avec leur halo lumineux intact — André Gide, à propos de la poésie d'Éluard, parle de l'auréole diffuse qui entoure les mots de ses poèmes — qu'il les reconquiert sur ce langage de tous les jours où personne ne discernait leur valeur. L'assimilation continue de l'irrationnel, pour employer les termes mêmes de la belle époque surréaliste.

Une poésie ainsi construite et dirigée en pleine connaissance de cause vers l'expression d'une pensée absolument sûre d'elle-même (le poète n'a qu'une *seule pensée*, patiemment, interminablement répétée) ne peut aboutir qu'à une affirmation, une affirmation qui n'admet pas de réplique. Le poète affirme que ce qu'il dit est la vérité, que toutes ses images sont vraies et qu'il peut le prouver. Il suffit de feuilleter les derniers livres de Paul Éluard pour s'en convaincre : les affirmations y abondent. Il s'agit dans la plupart des cas de petites phrases, de courtes sentences de deux vers seulement, généralement de même rythme et faciles à retenir, qui surgissent d'une manière brusque des profondeurs du poème dont elles sont le résumé ou, le plus souvent, la morale. « Mon passé, mon présent — nous n'en avons plus peur », « Écoute pour apprendre à dire les raisons — de ce que tu entends », « Qui ne veut mourir s'affole — Qui se voit mort se console », « Errant couvre avec soin tes traces — Pour ne pas disparaître », ou encore : « Prenez garde à vos pattes — L'homme a les pieds en sang ».

Tels sont brièvement exposés les principales caractéristiques et le développement de cette poésie sur laquelle il resterait tant à dire. Une étude plus détaillée de cet art très particulier nous conduirait à parler de la structure de la phrase d'Éluard, de sa composition, de la nature des images qu'il emploie, de la hardiesse de sa prosodie (« La mise au tombeau comme on tue la vermine », écrit-il dans la *Rose publique*, phrase elliptique dont on ne trouve guère d'exemple plus rigoureux que dans *Peintures*, d'Henri Michaux : « Paysages comme on se tire un drap sur la tête »). De plus amples renseignements biographiques nous montreraient Éluard à Saint-Germain, dans cette

« Maison grise » où tant de souvenirs sont attachés et nous rappelleraient l'époque où il lisait à ses amis les poèmes de Max Jacob, de Jarry, de Cros, de Saint-Pol Roux, de Guillaume Apollinaire et en particulier *La Jolie Rousse* que l'on ne peut reprendre sans ironie aujourd'hui :

« Car il y a tant de choses que je n'ose
    vous dire
Tant de choses que vous ne me laisseriez
    dire... »

Il resterait enfin à évoquer plus longuement la figure de ce poète dont l'œuvre et la vie constituent un exemple pour les jeunes écrivains et qui leur renouvellent, avec une insistance pleine de patience, leurs raisons de ne pas désespérer. Ses traits peuvent être vus lorsque l'on se penche sur le miroir magique de ses livres : ils ont conservé cette jeunesse que les poètes n'échangent jamais, pas même contre cette gravité qui, trop souvent, nous défigure bien plus qu'elle ne nous enrichit. Éluard demeure pour beaucoup d'entre nous, tel qu'en lui-même, enfin, notre amitié le change, semblable à ce qu'il a toujours été : un homme qui sait être volontiers excessif, coléreux, mais qui n'oublie pas combien la bonté toute simple lui est plus profitable.

Depuis plusieurs années, Éluard vit à Paris, son activité nous est cachée par la brume qui enveloppe la capitale. Je ne peux évoquer cette vie qui s'adapte à la vie spirituelle de notre pays sans me rappeler les vieux peintres du XVe siècle qui ont choisi, comme lui aujourd'hui, de rester à Paris, alors que la grande ville n'était plus que la capitale des provinces occupées.

Tout était perdu alors, sauf l'espérance. C'est de cette espérance que l'auteur de *Livre ouvert* nous parle. Et pour nous, c'est le même ciel embrasé qui se reflète dans le *Crève-cœur* d'Aragon et dans les derniers livres d'Éluard. Tout comme le vieux peintre français qui refusait de quitter sa capitale humiliée, ces poètes sont restés parmi nous, jamais ils n'ont été si proches de nous. Ils écrivent pour que le « règne de la justice arrive », cette justice que les poètes peuvent confondre avec la beauté. C'est là sans doute l'une de nos meilleures raisons d'espérer, le fraternel accord de ces poètes qui assure à la poésie d'aujourd'hui sa rayonnante vitalité et prépare ainsi une magnifique floraison à la poésie de demain. Mais

> « Le prodige — écrit Éluard... — serait une légère poussée contre le mur.
> Ce serait de pouvoir secouer cette poussière.
> Ce serait d'être unis. »

Louis Parrot.
Janvier 1944.

L'œuvre de Paul Éluard s'est enrichie depuis la Libération de plusieurs livres de poèmes d'une égale densité. Et cependant, si les sources d'inspiration sont demeurées les mêmes — l'amour, la mort, des thèmes sans cesse échangeables et toujours sources d'exaltation des plus hautes vertus humaines — le langage dans lequel s'exprime cette poésie a gagné en gravité. À l'accent mélodieux du bonheur partagé que nous entendions en ouvrant ses premiers livres, s'est substituée aujourd'hui une seule voix, une voix profonde qui donne un ton plus émouvant aux images toujours renouvelées de ses poèmes. On en devine facilement les raisons. L'existence du poète ne fait qu'un avec sa poésie ; elles ne sont pas séparables. L'événement douloureux qui a bouleversé sa vie intime a retenti aussitôt sur sa poésie et c'est à sa lueur que nous apparaît, plus clairement qu'hier, l'identité de la vie du poète et de sa poésie. Les mots dont il se sert tous les jours sont exactement les mêmes que ceux de ses poèmes. De là, le caractère authentique de cette œuvre qu'il faut croire sur parole, puisqu'elle est le reflet, hier serein et confiant, aujourd'hui dramatique et pourtant plein d'espoir, de sa propre vie. Une vie qui est un effort incessant vers cette perfection morale et intellectuelle qu'un poète cherche toujours à atteindre et dont le témoignage le plus révélateur est l'un de ses poèmes les plus achevés, *Poésie Ininterrompue*.

Lorsqu'on relit à la suite tous les livres du poète, on est frappé par l'analogie de ce dernier poème — et des *Poèmes Politiques* qu'il vient de publier, avec ceux des premières plaquettes de 1917. Mais ces chants d'innocence qu'étaient alors *Le Devoir et l'Inquiétude* ou *Mourir de ne pas Mourir* sont venus peu à peu se superposer des chants d'expérience — une expérience très clairement acquise et qui, sans rien ôter de la fraîcheur et de la souriante limpidité des premiers, leur donne une vibration pathétique dont les ondes n'ont pas fini de se propager autour de nous. Il s'agit ici de la mise en présence d'un homme à qui la vie n'avait rien épargné, avec les rêves d'une jeunesse demeurée intacte ; de sa confrontation de la réalité quotidienne avec un monde intérieur où les poètes se réfugient trop souvent pour l'ignorer. Ce poème avait été commencé pendant l'une des époques les plus actives de la vie publique du poète, au moment où il allait entreprendre ses longues et amicales tournées d'ambassadeur de la poésie nouvelle et des idées les plus généreuses en Grèce, en Yougoslavie, en Pologne, en Tchécoslovaquie, en Italie. C'est pendant l'une de ses haltes, en été 45, que cette œuvre qui est un véritable drame lyrique avait été achevée.

Poésie Ininterrompue est une somme poétique. C'est à la fois le résumé et le survol de toute une œuvre. Ce livre fait parfois penser, par sa forme même, par le retour de cette obsédante invitation à nous élever « sans fin d'un degré », et par le mouvement précipité de son épanouissement, à ces textes où les mystiques enferment leur vision d'une réalité très souvent déformée. Mais ici, c'est la raison, une raison très claire et dont on devine très aisément la démarche, qui dirige au-dessus de tant d'images d'un monde bouleversé, de vieux souvenirs, d'objets encore couverts d'empreintes humaines, cette exploration poétique dans une mémoire commune à tous les hommes. Tout le poème est guidé par cette puissance d'incantation, cette magie qui croît de strophe en strophe pour s'évanouir en un chant très humain de confiance et d'amour. Au terme de ce voyage ou plutôt, lorsque s'achève cet épisode d'une histoire vieille comme la misère humaine, ce premier chant d'un poème qui ne peut avoir de fin, « les derniers arguments du néant sont vaincus », le monde créé et le monde à faire ne sont plus qu'un, toutes les contradictions dont souffraient le poète et ses semblables sont annulées jusque dans leurs formes les plus diverses et L'image poétique inclut id, dans sa symbolique, toute une conception philosophique du monde. « Et minuit mûrit des fruits — et midi mûrit des lunes ». Le poète a conquis sa totale liberté et retrouve une foi qu'il partage avec la femme aimée, qu'il identifie au monde et avec laquelle il ne vit désormais que pour « être fidèle à la vie ».

Cette fidélité à la vie, c'est elle que chante Éluard dans *Le Dur Désir de Durer* (« Nous sommes la fraîcheur future »). Derrière lui, « les ruines et les maux s'effacent ». « Tout fleurit et mûrit sur la paille de ta vie — Où je couche mes vieux os ». On retrouve ici le ton simple de ses meilleurs poèmes où la misère n'est que l'ombre de l'amour, et que viennent parfois éclairer, comme le rappel des jours heureux répandus tout au long de l'œuvre d'Éluard, tant de gracieuses images, « Trempée d'aube une feuille ourle le paysage ». Illustré par des dessins de Chagall, des personnages ailés, des paysages de dentelles qui sont nés d'une petite tache, ce livre paraissait en novembre 1946, le mois même où mourait Nusch Éluard.

« — J'ai été seul — et j'en frémis encore », écrivait-il quelques mois plus tard dans *Le Travail du Poète*. Cette solitude, il devait alors la connaître dans toute sa cruauté. Plus tard, lorsque plus d'une année se sera écoulée et que sa peine demeurée aussi vive se sera peu à peu mêlée à la confiance dans la vie qui ne peut jamais être séparée des épreuves les plus grandes, il tentera de nous dire quelle avait été sa douleur devant cette mort qui lui donnait le sentiment d'avoir été « la victime d'une injustice ». « Après le plus grand abandon, quand il n'eut plus au fond de lui-même que la vision de sa femme morte, il fut secoué d'une grande révolte. » Dix-sept années séparaient cette triste matinée de novembre des jours heureux où il avait fait sa connaissance et dont l'histoire, pour qui sait lire les poèmes, commence des premières pages de la *Rose Publique,* images chatoyantes d'un dialogue amoureux qui se mêle aux images du poème ranime un lumineux filigrane.

∼

C'est au souvenir de Nusch, ou plutôt à la magnification de son image toujours présente, que le poète publia en juin 1947, illustré par d'admirables photographies de Dora Maar et de Man Ray, un recueil de poèmes sous le pseudonyme de Didier Desroches. La beauté bouleversante de ces pages permit très rapidement d'en identifier l'auteur. Il y avait là, bien plus que des cris de révolte, une ferveur passionnée qui rendait à la vie cette petite ombre qui se confondait avec la sienne. *Le Temps déborde* débutait par plusieurs poèmes écrits avant la mort de Nusch et demeurés alors inédits. Dans l'un d'eux, daté du 27 novembre — la veille même du jour où disparaissait sa compagne — il écrivait : « J'ai donné sa raison, sa forme, sa chaleur — Et son rôle immortel à celle qui m'éclaire ». Brusquement, ce furent les ténèbres. Cette mort que rien ne laissait prévoir, marquait la rupture avec le temps où l'amour n'était qu'un des noms de la poésie, « Aurore en moi dix-sept années toujours plus claires — Et la mort entre en moi comme dans un moulin » ; C'étaient les limites du malheur atteintes, la négation même de la poésie : « Tout le souci tout le tourment — De vivre encore et d'être absent — d'écrire ce poème — Au lieu du poème vivant — que je n'écrirai pas — Puisque tu n'es pas là ». En se dissimulant ainsi sous ce nom d'emprunt, le poète faisait abandon du nom que celle qui l'avait inspiré nous avait rendu si cher. Il ne restait donc rien au poète, que les ressources bien fragiles que l'amitié pouvait lui apporter et celles qu'il puisait dans les convictions politiques qu'il avait partagées avec sa « morte vivante ». Celles-ci devaient lui rendre cette raison de vivre que la ferveur de tant d'êtres anonymes qui partagèrent sa douleur, rendait plus pressante et plus affectueuse.

Parmi ces amitiés qui ne s'étaient jamais démenties un seul jour et qui devaient alors se montrer si réconfortantes, il faut placer au premier rang celle que Pablo Picasso n'avait cessé de manifester au poète et à sa femme. Le grand artiste qui a peint de nombreux portraits de Nusch Éluard, parmi lesquels figure cette toile célèbre destinée au Louvre et où elle apparaît comme un fantôme léger et souriant sur un fond gris cendre, semblable déjà aux « draps humides de novembre », devait apporter son appui fraternel au poète. Celui-ci lui avait consacré un livre en décembre 1944 dans lequel il reprenait la plupart des textes écrits précédemment sur lui, notamment dans *Donner à Voir* et de nombreux poèmes reproduits dans le catalogue d'une exposition (*Picasso Libre*) en juillet 1945. Il devait lui consacrer en 1947 un poème en prose qui compte parmi les plus importants de son œuvre et qui est en même temps qu'un hommage du peintre, une « explication » de l'attitude que ce dernier affirme avec plus de force chaque jour devant les problèmes qui se posent à l'homme et à l'artiste d'aujourd'hui. Texte d'une extrême limpidité, au vocabulaire très simple, la prose d'Éluard qui s'exprime souvent — comme sa poésie — en des formes saisissantes, en des aphorismes ou de très longues réflexions amoureuses est résumée, atteint une pureté absolue. Ces lignes fluides courent avec une légèreté comparable aux dessins que le peintre accumule depuis une année, sous les belles photographies de Picasso à Antibes. « Aux lieux saints de la paresse méritée, ton travail, un jour, sera à l'honneur. D'avoir eu tant à voir au courant de ta main, tu fais confiance aux mains d'autrui. Tu sais mieux que personne qu'il ne faut pas un grand espace de printemps pour lâcher l'été sur terre, pour forcer l'avenir. Et ta main s'alourdit d'une graine qui germe ». Picasso est de ceux pour qui la peinture, comme la poésie, ont pour but, bien plus souvent qu'on ne le croit, la « vérité pratique ».

C'est à la recherche de cette vérité pratique que le poète se consacre sans doute avec le plus d'application et d'efficacité dans ses dernières œuvres. Dans les *Poèmes Politiques*, voisinent des poèmes consacrés à des événements de la vie de notre pays et des textes dans lesquels le poète éclaire avec une sincérité parfois brutale, sans fausse honte et sans dissimulation, sa vie privée à laquelle les poésies ne font d'ordinaire que des allusions prudentes ou hypocrites. Il s'en explique lui-même, nous montre les liens qui unissent deux domaines beaucoup moins distants qu'on ne le croit et nous enseigne ainsi à la suite de quelle discipline du corps et de l'esprit, l'horizon d'un homme peut devenir l'Horizon de tous. Tout comme il avait bafoué jadis les « bâtisseurs de ruines », il dénonce aujourd'hui les « faiseurs de morale » qui ne pourront jamais comprendre qu'un homme ne peut communiquer totalement avec ses semblables que par l'entremise des sens, que seulement grâce à eux, l'espoir, la confiance dans la vie et la promesse d'un amour dans lequel le poète ne sera pas un « homme inachevé » (*La Vie Immédiate*) peuvent renaître en lui. Par eux, il arrive à se libérer de la solitude et les images voilées jusqu'alors reparaissent, elles nous sourient à travers leurs larmes dans les petits poèmes de *Corps Mémorable* que le pacte signé d'un nouveau pseudonyme, Brun (l'ours, ou plutôt, d'après l'auteur lui-même, le petit ours, l'ourson des contes d'enfant).

C'est alors, nous dit-il, que « le malheureux se reprit de leur sourire, d'un sourire peut-être un peu moins aimable qu'avant, mais plus juste, meilleur... Il entendit gronder le chagrin qui montait de la foule compacte. Il n'eut plus honte. » Dans la préface de ce livre, Aragon remarque combien le ton lyrique et passionné de ses textes en prose rappelait celui d'Arthur Rimbaud dans *Une Saison en Enfer* ; mais il souligne la différence considérable des préoccupations qui devaient attendre chacun des deux poètes à la sortie de leur enfer. Au tourment métaphysique, au désespoir sans issue du premier s'est substitué chez le second une volonté que la douleur a rendue plus lucide et qui dirigera le génie du poète dans les temps que nous vivons, qui ne sont pas ceux du mépris, ni de la « divine utopie », mais bien ceux, depuis fort longtemps attendus, de l'« efficience humaine. »

Louis Parrot.
Août 1948.

Paul Éluard photographie du Studio Harcourt, Paris, 1945.

∼

Copyright © 2023 Alicia Éditions
Credits images et couvertures : Alicia ÉDITIONS, www.canva.com,
https://commons.wikimedia.org/wiki/File:Eluard_Harcourt_1945.jpg?uselang=fr
https://commons.wikimedia.org/wiki/File:Signature_Paul_Eluard.svg?uselang=fr
ISBN numérique : 9782384550838
ISBN broché : 9782384550845

www.ingramcontent.com/pod-product-compliance
Lightning Source LLC
LaVergne TN
LVHW020428080526
838202LV00055B/5077